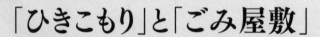

# 「ひきこもり」と「ごみ屋敷」

## 国境と世代をこえて

古橋忠晃｜著｜
*Furuhashi Tadaaki*

名古屋大学出版会

「ひきこもり」と「ごみ屋敷」——目　次

# 序　章　「ひきこもり」とは、「ごみ屋敷」とは何か

## 国境を越える「ひきこもり」

筆者は、二〇〇五年よりある国立大学法人で大学生のメンタルヘルス診療に従事している精神科医である。「ひきこもり」と呼ばれる状態にある青少年の存在は、一九八〇年代後半から日本において徐々に認識されるようになっていたが、筆者も、現在の学生診療の職に着任した直後の二〇〇五年頃から、長期間大学に姿を現さずに自宅に閉じこもっている多くの大学生に出会うようになっていた。筆者は、もともとフランスの精神医学や精神病理学を志してきたが、二〇〇八年三月に学内の学生相談に従事する同僚の専門家らと共に、パリの学生相談担当者とのディスカッションを行ったところ、フランスの青年の間にも自室にこもって一日中パソコンに向かい合っている人が出現している事実を知った。この事実をふまえて、フランスとの間で共同研究チームを立ち上げ、十年以上にわたって研究を続けてきた。筆者の勤務先の大学とフランス北東部のストラスブール大学との間には教員招へい制度があり、二〇一一年五月から六月にかけて筆者はストラスブール大学に客員教授として派遣され

た。それ以降、同大学に定期的に滞在して、日本の「ひきこもり」について講演やセミナーを行うこととなり、二〇一六年頃からはフランスの他の都市でも、さらに二〇一八年頃からはフランス周辺の西欧諸国でも講演を行うようになっていった。そして、二〇一六年までは定期的にストラスブール大学医学部附属病院精神科外来にて、フランスのひきこもり青年について臨床観察を行ってきた。最近では、フランスの大学の医学部で「ひきこもり」についての研修医の教育にも関与している。

一九六〇年代からフランスには地区ごとの精神科セクター制度（詳細は第II部で述べる）があるが、筆者は、二〇一七年以降、ストラスブール大学医学部精神科の臨床観察医としての資格を得て、フランスの一つのセクターのエリアで、閉じこもりなどの理由で病院に自発的に来院することが困難な患者を看護師と共に訪問し、フランスの「ひきこもり」の生活の様子を直接観察するという貴重な臨床経験を得てきた。

## 「ひきこもり」はトートロジー（同語反復）か

フランスの大学などで筆者が「ひきこもり」についての学術的な講演をしていると必ず受ける質問に、「Hikikomori とは語源的にどのような意味を持っているのか？」というものがある。日本であれば、もちろん、答えは明らかなのでまずこのような質問はなされないであろう。これに対して、筆者は、「hiki」とは「hiku ひく」という動詞、「komori」は「komoru こもる」という動詞を語源に持ち、つまり、「社会から身をひいて家にこもる」という意味を持っていて、以前は、状態を指す言葉であった（例：「彼の状態は『ひきこもり』だ」）が、今は、人を指す言葉にもなっている（例：「彼の弟も『ひきこもり』だ」）と答えるなどしている。そもそもフランスでは Hikikomori が人を指すのか状態を指すのかが、よく理解されていないからである。

日本では「ひきこもり」という言葉は一見するとトートロジーであるように考えられている。それは、例えば、「泥棒（dorobou）」という言葉で「彼は泥棒だ」と言う時に、「泥棒」とは他人の物を盗み取る人のことをそう呼んでいるので、「彼はなぜ他人の物を盗み取ったのか？」という問いに対して「彼は泥棒だからだ」と答えることがナンセンスに考えられるのと同様である。そのため、「彼は、十年もの間、なぜ何もしないで家にいるのか？」という問いに対して「彼は『ひきこもり』だからだ」という時、日本であれば、ナンセンスさを感じる人も多いと思われる。しかし、日本語を知らないフランス人は Hikikomori と言われてもトートロジーであるとは感じないので、そこに何か特別な意味があると考えてしまうのである。

しかし、その「そこに何か特別な意味がある」と考えてしまうというのは、果たして錯覚あるいは間違った認識なのであろうか？　筆者はそうは思わない。さらにいえば、日本語ですら一見するとトートロジーではありながら、この言葉で名指すことによって何かが生み出されているはずであると思われる。その「何か」についてもう少し考えてみたいと思う。

さて、「ひきこもり」とは何であろうか。我々が「ひきこもり」という言葉を聞いてイメージするものとその言葉の定義するものは、それほどかけ離れたものではない。二〇一〇年の齊藤万比古らを中心とする厚生労働科学研究費補助金こころの健康科学研究事業の研究成果では、以下のように精神医学上の定義がなされている（齊藤万比古、2010；厚生労働省、2010）。

様々な要因の結果として社会的参加（義務教育を含む就学、非常勤職を含む就労、家庭外での交遊など）を回避し、原則的には六ヵ月以上にわたって概ね家庭にとどまり続けている状態（他者と交わらない形での外出をしていてもよい）を指す現象概念である。なお、ひきこもりは原則として統合失調症の陽性あるいは陰性症状に基づくひきこもり状態とは一線を画した非精神病性の現象とするが、実際には確定診断がなされる前の統合失調症が含まれている可能性は低くないことに留意すべきである。

要するに「ひきこもり」とは「社会（的）参加の回避」と定義されている。それでは、やはり、「ひきこもり」とはトートロジーなのであろうか？　日本語の日常用語としてはそうであっても、専門的な定義としては決してそうではない。例えば、日常会話で「僕は週末ひきこもりになっていたよ」と週明けに学校で友人に言う場合には確かにトートロジー的に使用されているのであっても、その同じ状態が精神医学的に「ひきこもり」と呼ばれることは決してないからである。

それでは、日常用語での「ひきこもり」と、精神医学的に定義される「ひきこもり」との違いはなんであろうか？　その一つに、定義の中に示されている「原則的には六ヵ月以上にわたって概ね家庭にとどまり続けている状態」というものがある。つまり、週末の二日間のみではなく六ヵ月以上も家にとどまり続けている場合には、専門的に定義される「ひきこもり」と言えるのではないか。「僕は半年間ひきこもりになっていたよ」とは、たとえ「ひきこもり」の状態を抜け出したあとでも気軽に友人に打ち明けることのできない何かがそこにある。その「何か」について、まず思い浮かぶものの一つに「恥」というものがある。家族も、あるいは本人も「ひきこもり」であることをにわかには受け入れがたいのは、自身の状態を恥じて否定的に捉えているからであるし、さらには「恥」そのものが「ひきこもり」の契機になっていることもありうる。

別な「何か」として、同一性の問題がある。「ひきこもり」は同一性の欠損であるというのは、本書の第1章で紹介することになる「ひきこもり」の前身としての一九五〇年代のアメリカのエリクソンの「同一性拡散症候群」(Erikson, 小此木訳編, 1973) からもよく理解できるが、それはさらに、同一性への抵抗でもあるということに繋がる。例えば「おまえは『ひきこもり』だ」と言われることに抗うところが「ひきこもり」にはある。それは「自分を病気であるとは思っていない」ということではなく、「私」というある特異的な存在が「ひきこもり」という概念として反復され、同一性の物語へと回収されることへの抵抗なのである。特異性と対立するのは一般性ではなく普遍性であると、ドゥルーズは述べている (Deleuze, 財津訳, 2007)。個別性に対立するのが一般性である。特異性の反復から一般性へと至るところには同一性の罠があり、つまり、特異的な「ひきこもり」についての記述的特徴が、反復によりあたかも一般性を獲得したかのようになる (「ひきこもり」A、「ひきこもり」

B、「ひきこもり」Cなど複数の「ひきこもり」に共通したものをこうした用語で説明していることになるからである）ことで、同一性の物語を獲得してしまう場合がある。こうして「ひきこもり」についての言説が同一性の物語へと回収されていくが、そもそも彼らが忌避し彼らを苦しめているのは、自身がそのような物語へと回収されていくことでもあるのである。こうしたことから、「ひきこもり」は単なる「トートロジー」であるどころか、トートロジーの論理に対立する論理を持っていることがわかるだろう。

さらに、もう一つ、定義において重要なのは「非精神病性の現象とする」という表現である。例えばフランスにおいては、二〇〇八年頃に日本から「ひきこもり」という概念が入ってくるまでは、閉じこもっているだけの状態でも精神病圏の診断がなされてきた傾向がある。さらには、現在でも、「ひきこもり」の状態にある中学生が（むしろ「不登校（Futoko）」と呼ぶべきなのかもしれないが）、親を殴って警察の介入のもとに精神科病院に連れてこられた場合には、「精神病状態」という診断のもとに強制入院させられることになるのがしばしばである。ところで、この「ひきこもりは非精神病性の現象とする」というのは、実際に「〜とする」という表現になっていることからもよくわかるように、ある意味では、事実について述べた文（「ひきこもりは精神病ではない」）であるようにみえながら、実は「ひきこもりは非精神病性の現象とする」という「宣言」をしているのである。つまり、「定義としての発話」が「行為」を内包していると言ってもよい。これはオースティンの言語行為論（Austin, 1960）に従えば、行為遂行的（performative）発言である。行為遂行的発言とは、発話内行為とも呼ばれ、語ることで同時にその内容を実際に行う発話のことである。例えば、学術集会などで「(私は)これで閉会にします」という私の発言は、私の行為の記述でも報告でもない。発言者は、その言葉を述べつつ学術集会を閉じているのであって、閉会を行いつつあるという事実を報告しているのではない。私の閉会という行為は「これで閉会にします」という文を発言することに他ならないからである。つまり、この発言は「宣言」の機能を果たしているのである。一方、事実を報告するのは事実確認的(constative)発言と呼ばれる。「私の出生地は東京である」という発言がこの例である。要するに、「ひきこもりは非精神病性の現象とする」というのは、「これまで『ひきこもり』と呼ばれてきているもの」は「非精神病性の現象である」というような事実確認的発言として「事実」を報告しているのではなく、「ひきこもりは非精神病性の現象とする」と発言しつつ、「ひきこもり」を「非精神病性の現象である」ことにしようと宣言しているのである。だからといって、何も根拠がないところで、「ひきこもり」を「非精神病性の現象である」ことにしようと宣言しているわけではない。「ひきこもり」には、精神病に生じうるような幻覚や妄想がなく、十年以上経過しても、精神病に起きうるような人格水準の低下が見られないという臨床事実が根拠になっているのである。

以上のように考えてみると、「ひきこもり」という概念は日本語ですらただの「トートロジー」ではないことがわかる。むしろその「ひきこもり」のトートロジーではない部分が社会文化的な差異を含みつつ、精神医学的な意味を持つことになるのではないだろうか。その具体的な例をあげよう。日本で「ひきこもり」という言葉を聞いたときに、将来についての暗いイメージを持つ人が大半であるように思われる。特に「ひきこもり」を家族に抱えた人にとってはなおさらであろう。しかし、フランスではそのイメージが日本と同じではない。息子が「ひきこもり」であるということを知ったフランス人の母親が「『ひきこもり』でよかった」と考えることもしばしばある。それどころか、日本では「『ひきこもり』について抱くイメージは暗い」という話をフランスですると、驚かれることが多い。もし「ひきこもり」という概念がただのトートロジーであるとしたら、このような差異は生じないのではないだろうか。こうした、社会文化的な差異は、トートロジーではない部分が作り出しているものと思われるのである。

子どもがひきこもってしまい、少しでも解決の道を見いだそうとしている親御さんが本書を手に取った場合、おそらくは期待していることが書かれておらず少々落胆されるかもしれない。しかし、そのように親御さんが期待していることそのものが、「ひきこもり」を社会の中で生み出しているようなトートロジーではない部分、つまり、同一性に回収されない部分であるとしたら、解決を見いだす道はそのような部分をどのように読み取るのかということにこそあるのではないだろうかと思われるのである。

## ロックダウンは強制的な「ひきこもり」か

二〇二〇年三月、新型コロナウィルスの感染拡大防止のために、世界中で都市のロックダウンが行われ、多くの人々の生活に大きな影響を与えた。都市のロックダウンについては、日本のように法的な強制力がなく「自粛」のような形をとった国もあれば、西欧諸国のように法的な強制力によって外出禁止令の形をとった国もあった。日本では、自粛期間中に、『「ひきこもり」』のような生活を強いられている」という言い回しがメディアや市民やネット社会の中でも流通していた。それでは、本当に、ロックダウンとは強制的な「ひきこもり」であると言えるのだろうか？　もしそうであるならば、ロックダウン中にあった人々は以前からひきこもっていた人たちと同じあり方をしている人々ということになるが、果たしてそれは本当に正しいのだろうか？

「ひきこもり」の本質とは、その定義にもあるように、社会参加（通学や仕事など）からの回避である。空間的にどこかの特定の空間に閉じこもっている状態のことではない。我々が部屋の内側に閉じこもっている「ひきこもり」についての紋切り型のイメージを持ってしまいがちなのは、通常は、部屋のある家の「外」に社会があってそこで社会参加を行うので、社会参加を回避するには家の部屋の内側に閉じこもることが「普通」であるからである。一方、ロックダウン中はテレワークによる在宅勤務などの形で家に閉じこもって社会参加をするのが「普通」になった。

したがって、世界中で都市のロックダウンが行われたことは「強いられたひきこもり」ではないかという問いはありうるかもしれないが、たとえそのように見えたとしても、「強いられた閉じこもり」とか「強いられたロックダウン」と言ったほうがむしろ正しいと思われる。社会が閉じこもりを強制したり促したりするようになると、家の「内」が社会になるという逆転現象が起きる。フランスでは、ロックダウンの状況下で、これまで以上に家庭内のＤＶ（ドメスティック・バイオレンス）が問題になっていたが、それは親がテレワークによって自宅で仕事をすることが「普通」になり、家の「内」の家族の間では社会的な距離が狭まることで、親子の間や親同士の間でも衝突する機会が増えたことによると思われる。

フランス語で、ロックダウンのことは confinement と言う。confinement とは「ラルース（Larousse）」の『中世フランス語辞典』Dictionnaire du moyen français（1992）によると一五世紀末には「閉じ込め、監禁」という意味で使用されていた言葉のようである。confinement はさらに古く一三世紀頃から存在していた動詞「confiner」の名詞形である。confiner は、語源的にはラテン語「境界（finis）」という語に接頭語「co-」が付加された語に由来するので、「〜と境を接する（confiner à）」という間接他動詞が現在でも使われている。さらに、誰かを特定の空間に「閉じこめる（confiner）」という意味の他動詞で、例えば「私は長期間閉じこめられている（Je suis confiné pendant une longue période.）」という使い方が古くからなされてきた。新型コロナウィルス拡大防止のために外出できない場合には、「私は新型コロナウィルスのために家に閉じこめられている（Je suis confiné dans la maison à cause du COVID-19.）」となる。確かに、これは「ひきこもり」を言い表す表現に似ている。だが、実際には、フランスでは、いわゆる「ひきこもり」が自分の状態を言い表す場合には、「私は自分自身を自分の部屋にひきこもらせている（Je me retire dans ma chambre.）」と言う一方、親が自分の息子がひきこもっている状態を例えば筆者のような精神科医に対して表現する場合には、「息子が自分の部屋にひきこもらされている（Mon fils est cloîtré（enfermé）dans sa chambre.）」と言うことが多い。いずれにしても、

「ひきこもり」の親というものは、何らかの原因があって息子が「ひきこもり」を余儀なくされていると考える（それはフランスでも日本でも同じである）ので、息子の状態を受動形で表現するのである。

このように、「ひきこもり」とは、能動的な主体性がそこで展開されている状態なのか、あるいは、受動的で自らそうせざるを得ず主体性がそこには欠損している状態なのかという問いは、本書を通して筆者の臨床経験を巡って一貫した問いになっている。

## 「ひきこもり」は自発的なロックダウンか

前節の問いとは逆の問いを考えてみよう。ロックダウン中も、それ以前からひきこもっていたいわゆる「ひきこもり」は、特に変わることなくひきこもり続けていたわけだが、そのような彼らに対して、『ひきこもり』も自分から進んで（自発的に）ロックダウンをしている」という言い回しがいくらかあったように思われる。果たして、「ひきこもり」は本当に自発的にロックダウンしているのだろうか？

世界中で都市のロックダウンが行われたことで、これまでひきこもっていた人は、さらに安心してひきこもり続けていたのではないかと考える人もいるだろう。それは、家にひきこもっていることが社会的に望まれた状態であったからである。実際に、ある日本のひきこもり青年は、「これまでは周囲から社会に出ろ出ろと言われ続けてきたが、やっぱり自分のほうが正しかった。僕は十年くらい前から世の中の仕事は全部テレワークにして家でやればよいと思っていた。それが今頃になって新型コロナウィルスのために世界中の人々が慌ててテレワークに切り替えしようとしてついていけない人がいるのは、遅すぎるし痛快に思う」と述べた。彼はあたかも時代を先取りしていたと言いたいかのようであった。確かに、今の時代だからこそ、「ひきこもり」の人に生き方を学ぶべきであるという考えもいくらか出てきている。しかし、彼らは本当に、日本のような外出自粛要請や西欧のようなロックダウンの状況下で、自身の「ひきこもり」状態に満足できていたのかという問いを立ててみる必要もあるだろう。

世の中の人々が皆ひきこもってしまえば、もともとひきこもっていた人は安心してひきこもり続けていられるのだろうか？　必ずしもそうではないだろう。ついこの前まで、家の「外」に社会があった人々にとっては、外出することは社会的に望まれていることであったわけであるが、今度は家にいることが社会的に望まれていることになり、普段「外」で仕事をしていた家族もテレワークなどで家の内側にいるために、家の「内側」が社会の「内」で家の「外」こそが社会の「外」になるという逆転現象が起きたとも言えるだろう。

本書で詳しく論じていくことになるが、むしろ日本よりもフランスの「ひきこもり」のほうが、自発的なロックダウンであるように思われるかもしれない。日本では、しばしばとりわけ彼らをサポートする側から「好きで彼らはひきこもっているのではない」と言われることが多いからである。それでは、フランスの「ひきこもり」は本当に好きで、つまり自発的にひきこもっているのであろうか？

筆者は、二〇一四年のフランス語の学術論文で、「フランスの『ひきこもり』においては、個人と社会の関係性の失敗、言い換えれば、社会化の過程に起因する失敗が見られる」と主張した（Furuhashi and Vellut, 2014）。ここでの「失敗」とは、具体的には移民の就職難や失業などだけではなく失恋や学業の失敗、経済的失敗としての貧困なども意味する。ここに、新型コロナウィルスが社会参加の機会を奪っていく可能性が付け加わることもありうるだろう。「ひきこもり」のきっかけが日本に較べてフランスのほうが比較的明確なのである。現代社会は個人に自律を促す時代になっている以上、個人レベルでは何らかの失敗を経験したときに、そのまま自律を推し進めると社会的孤立を選択することを余儀なくされてしまう。そうなると、本人の中では自発的にひきこもっているとはいっても、社会との関係においては実際には「ひきこもり」を選択せざるを得ないというある種の受動性がそこにあると言うほうが、正しいのではないだろうか。

以上のように考えると、「ひきこもり」は自発的なロックダウンであることはなく、むしろ「自発的なロックダウンである」ように見えるのはなぜかという問いを立てることのほうが重要であると思われるのである。

## ひきこもり予備群へのロックダウンの影響

二〇二〇年一〇月に筆者は、英国の心理学を専門とする研究員を筆頭著者として、新型コロナウィルスの影響で世界的に「ひきこもり」が急増する可能性があると主張する論文を、精神医学の国際誌World Psychiatryに発表した（Rooksby, et al., 2020）。この論文では、新型コロナウィルスの感染拡大防止のため二〇二〇年三月以降各国がロックダウンを行っていたが、ロックダウン解除にもかかわらずそのまま社会へと戻ることができずそこに個人レベルでの他のリスク要因（幼少期の劣悪な環境など）が重なることで「ひきこもり」へと至ってしまう可能性が高くなっていること、このようなロックダウンにより生み出された「ひきこもり」は、インターネットやソーシャルメディア、オンラインゲームなどを通して世界を受動的に観察し続ける（Furuhashi and Bacqué, 2017）という点でもこれまでの「ひきこもり」と大きな違いはないこと、新型コロナウィルス感染症の経済的・社会的影響下でのひきこもり予備群の存在に注目する必要があること、方策としては本来インターネットに親和性のある「ひきこもり」のためオンライン治療なども有効である可能性があること、将来増加しうる「ひきこもり」やその家族のサポートのために世界各国で公的資源が必要となることが予想されることなどが報告されている。

この論文で留意すべきは、新型コロナウィルスによるロックダウンが「ひきこもり」の直接的なきっかけになると主張しているわけではなく、むしろ「ひきこもり」の社会復帰にはある種の「きっかけ」が必要であるという大前提の上で、ロックダウンなどがその「きっかけ」を奪うことで、ひきこもり予備群がより「ひきこもり」へと移行する可能性が示唆されていることである。

## 世代を超える「ひきこもり」――「ごみ屋敷」をめぐる問題へ

ロックダウンは、「ひきこもり」という問題が社会の「内」と「外」の問題に密接な関係があることを明確にしてくれた。社会の「内」と「外」というのは、社会参加している世代、つまり働く世代の「内」と「外」でもある。それは、最近の日本のメディアがしばしば取り上げている「80（はちまる）50（ごーまる）問題」、つまり、「ひきこもり」の長期化・高齢化により八〇代の親が五〇代の「ひきこもり」の息子を支えないといけない時代が到来したというような社会問題とも、もちろん関連している。この場合には、二〇年前からひきこもっていた人が現在になってもなおひきこもっているということから生まれる問題であるが、一方で、高齢者になって退職してから初めてひきこもる、つまり、働く世代の「内」から「外」へと移行することが「ひきこもり」を生み出すことがありうるという問題とも関連している。

筆者が、フランスで現地の心理学者など臨床家を前に「ひきこもり」についての講演を行うと、二〇一二年頃から、日本の「ひきこもり」はいわゆる「ディオゲネス症候群（Syndrome de Diogène）」ではないか、という質問を受ける機会が増えてきた。ディオゲネス症候群とは、実際には老年期の現象で、不潔で非衛生的な生活をして、自己の身体の状態に無頓着であり、孤独な生活をして、外的援助を拒み、無意味で奇妙な収集癖を持つという、日本の「ごみ屋敷」に相当する概念である。「症候群」とは、元来、ある病的状態の場合に同時に起こる一群の症状のことであり、同一の根本原因から発するものとして一つの方向を示すものであったが、社会現象のまとまりとしてある種の人々の集団を指すこともあり、この場合は後者の意味で用いられている。人が高齢者になってそこに世代の「内」と「外」という問題が生じることで、社会の「内」と「外」ということに結びつき、それがいかにして「ごみ屋敷」という現象として現れるようになったかについて、本書の第III部で詳しく論じていく。

日本の「ごみ屋敷」という言葉も、「ひきこもり」と同様、トートロジーでは全くない。「ごみ屋敷」という言い方で、社会の厄介者というニュアンスが込められてしまうからである。さらに言えば、そのように社会の厄介者と捉える視点こそが社会的な疎外を生み出し、「ごみ屋敷」がそこに生み出されると考えることもできる。一方、ディオゲネス症候群という呼称はむしろ、哲学者ディオゲネスの人間性や主体性に準えて、肯定的な側面がそこに見いだされていると言えるだろう。本書ではそのような「ごみ屋敷」の側面、つまり、視点が異なれば見え方も異なってくるという側面を、とりわけ論じることにしたい。

ディオゲネス症候群は「人」を指す概念であるが、「ごみ屋敷」も最近では「彼の家はごみ屋敷だ」という言い方だけではなく「彼はごみ屋敷だ」という言い方までなされ、「人」を指すことがありうるようになっている。一方、自治体などによる、「ごみ屋敷」の定義とは、ごみ集積所ではない建物でごみが積み重ねられた状態で放置された建物、もしくは土地を指すという定義になっている。しかし、精神医療のなかには「ごみ屋敷」の定義そのものは存在しない。精神医療において定義が存在するのはあくまで人間の被っている疾患に限られるからである。もっとも、「ごみ屋敷」と疾患とは全く無関係というわけではない。それは、「ごみ屋敷」に関わる（「ごみ屋敷」の基盤に存在する）人間の疾患というものがありうるからである。例えば、統合失調症の欠陥状態が進行して、感情鈍麻、自発性や接触性の欠如、無為、無感情などが生じ、自宅に閉居するようになるか、あるいは、うつ病を発症し心的エネルギーが低下して、自宅が片づけられなくなり、結果として自宅が「ごみ屋敷」になることは十分ありうることである。しかし、これらは医療的モデルに即して言えば、二次的な「ごみ屋敷」である。しかも、この場合、後述する「ごみ屋敷」に今日最も関連する「溜め込み障害」からは除外される（一次的な診断が優先されるからである）。それでは一次性の、つまり、基盤に何らかの疾患を持たない、言い換えれば「ごみ屋敷」を作り出しさらに作り出したものを維持してしまう人間の行為自体に相当する疾患しか存在しない状態とは、どのようなものが考えられるのだろうか。それこそが、社会的な疎外などを背景にしながら、医療との関係を含みこむ形で、決してただのトートロジーではなく社会の中に現れる「ごみ屋敷」なのである。なぜ、トートロジーではないのかと言えば、そこに「ひきこもり」と同じく、それを行為遂行的に命名する人間の行為が存在するからである。

こうした観点から「ごみ屋敷」を巡る筆者の問いは以下の三つである。

(1)「集める（集まる）もの」は、自然物というよりは、人間の行為の痕跡が刻まれているもの（使われたもの、食べられたもの、飼われていたもの、読まれていたもの、など）が多いのではないか。「ごみなのになぜ集めるのか」と言われる傾向にあるが、「ごみだからこそ集める」という点が抜け落ちているのではないか。なぜ、彼らは人間の行為の痕跡を集めるのだろうか？

(2)当の高齢者が「ごみ屋敷」の現状に無関心であることがしばしば指摘されるが、「集める（集まる）もの」に関心を持っていると同時に、「そういう現状には無関心（こちらのほうばかりが強調される）」という二重性を持っていると言うほうが正確ではないだろうか？

(3)「当の高齢者が話し合いに応じない」という頑固さや怒りっぽさなどの特徴を読み取る傾向にあるが、「片付けなさい」という形式的な説得に対して応じず怒りっぽくなるのであって、「集める（集まる）もの」についての対話には応じるのではないだろうか？

これらの問いはすべて、人間主体のパラドックスから出てくる問いである。パラドックスとは、「集まる（受動）」と同時に「集める（能動）」、「無関心」であると同時に「関心」、「頑固」であると同時に集める（集まる）ものに関する対話に対しては「寛容」であるというような、「ごみ屋敷」を形成する人間主体に内在するパラドックスである。もし、「ごみ屋敷」というものが人間の営為と関係のない自然現象であるとしたら、このようなパラドックスを基盤にすることなく、トートロジーになってしまうのかもしれない。しかし、現実には、そこに必ず人間主体がある以上、パラドックスがあり、トートロジーではなくなっていると言えるのである。

本書は、家の近所に「ごみ屋敷」が存在するとか、あるいは高齢者の親の住む実家が「ごみ屋敷」になっているなどで、少しでも解決の道を見いだそうとして手に取った場合は、そのようなことが直接的には書かれておらず、少々落胆されるかもしれない。しかし、こうした「ごみ屋敷」を形成する人間主体に向けている眼差しそのものが、ある種の「ごみ屋敷」のイデオロギー的な部分であり、むしろ、「ごみ屋敷」を生み出しているのは、そのような同一性に回収されない部分であるとしたら、解決を見いだす道はそのような部分をどのように読み取るのかということにこそあるのではないだろうか。

本書で考察するのは、高齢者の「ごみ屋敷」、つまり、社会参加している働く世代から社会参加しない世代へと移行することで、なぜ「もの」を集めることになるのか、という問いであって、若い世代の「ごみ屋敷」は、たとえ存在するにしても別の問いであることを付言しておこう。なぜなら、本書で論じていくことになるが、若い世代の「ごみ屋敷」は何らかの精神疾患が基盤にあることが多く、本書で考察の対象としているのは、何らかの精神疾患が基盤にないにもかかわらず、社会的な眼差しによってある種の精神疾患とされてしまう、つまり、高齢者の「ごみ屋敷」だからである。

## 本書の構成

それでは、本書の大まかな見取り図を示しておこう。

第Ⅰ部は、「ひきこもり」について、その歴史や筆者の日本での「ひきこもり」の臨床経験をもとに論じる構成になっている。第1章で、まず、精神医学における「ひきこもり」概念の歴史を辿ってみる。ここで中心となる問いは、本当に、今で言う「ひきこもり」に似た人たちは、「ひきこもり」の概念が出現した一九八〇年代後半以前には日本に存在しなかったのだろうかという問いである。それは、概念の出現が先か、あるいは、現象の出現が先かという重要な問題があるからである。第2章では、「ひきこもり」の精神病理について論じる。ここでは「ひきこもり」の個人に内在する精神病理を抉り出す試みというよりは、何が、個々の「ひきこもり」という事態を導いているのか、という観点で論じる。この問いは、本書全体に通底する問い、つまり、個人の病理か、あるいは、社会の病理かという問いと結びついている。第3章では、「ひきこもり」が社会を避けると言いながら、社会を見続けている側面の存在に焦点を合わせていく。この章では、現代の「ひきこもり」が「画面」を通してどのように社会に関わりを持っているかを論じる。第4章では、筆者が、フランスで「ひきこもり」について講演すると必ずフロアの医療従事者や「ひきこもり」の家族たちから投げかけられる問い、つまり、「ひきこもり」は「病気」なのかあるいは「病気」ではないのか、という問いについて論じる。この問いが、その答えよりも重要な意味を持っている理由は、本書を通読すればよくわかることになるだろう。

第II部は、日本で初めに見いだされた「ひきこもり」が国境を越えて、フランスでも見いだされた経緯や筆者のフランスでの臨床経験について考察し、それが、翻って日本や海外の「ひきこもり」にどのように生かされるのかを論じる構成になっている。第5章では、ヨーロッパ、とりわけフランスで「ひきこもり」がどのように見られているのか、ということについて論じる。このことは、「ひきこもり」を生み出している日本社会が日本の外から観察すると筆者にとってよく見えるようになったということと関係する。第6章では、筆者のフランスでの臨床活動によって見いだされたフランスの「ひきこもり」の本質的な側面について、つまり、フランスの「ひきこもり」の精神病理について論じる。第7章では、日本とフランスの両方の「ひきこもり」の臨床経験から、よく言われるような「趣味」に没頭しているというような紋切り型の側面ではなく、「趣味」という画面を通して社会とつながろうとしているという「側面」を抉り出し、それをうまく生かして、日本の「ひきこもり」に対して筆者が実践している集団療法について紹介する。第8章では、第7章との関連で、同じ「側面」がとりわけフランスの「ひきこもり」に対してどのような適応の可能性があるのかを議論する。その際に、最も参考になるのは、筆者のフランス各地での「ひきこもり」の講演における地元の医療従事者とのディスカッションである。なぜなら、「ひきこもり」は、海外でもその様態は日本の「ひきこもり」に比較的類似しているが、その対応のあり方は国や文化によって様々な可能性があり、日本の治療法をそのまま導入すればよいという単純なものではなく、その国の対応可能な資源を把握した上で活用することが最も重要であるからである。

第III部は、「ひきこもり」が世代を超えて高齢者の中にも見いだされた経緯や、筆者のフランスでの「ごみ屋敷」の臨床経験について論じる。ここで一貫しているのは、「ごみ屋敷」を高齢者版の「ひきこもり」として捉える視点である。さらに、こうした視点が、翻って、日本や海外の「ごみ屋敷」の対応にどのように生かされるのかを論じる構成になっている。第9章では、そもそも「ごみ屋敷」は「ひきこもり」の高齢者版かという問いのもと、日本でなぜ、そして、どのようにして「ごみ屋敷」という問題が浮かび上がってきたのかを論じる。第10章で、同じ「ごみ屋敷」という現象は、とりわけ、フランスでは、ディオゲネス症候群と呼ばれている事実から、そこに何らかの欠損という否定的な側面ではなく、主体の自律性という能動的な側面が見いだされていると論じる。第11章では、第10章で論じた能動的な側面をフランスの臨床経験の中で証明する。こうして、「ごみ屋敷」住人は、「ごみ」（そもそも住人にとって「ごみ」ではないのだが）を通じてむしろ社会とつながろうとしている本質が明らかになる。そして、第12章では、こうした本質を浮き彫りにすることで、日本や海外の「ごみ屋敷」住人に対して精神科医である筆者としてどのような処方箋が提示できるのかを、第I・II部での考察を踏まえながら展開する。

そして、終章では、総括として、「ひきこもり」や「ごみ屋敷」住人を生み出している原因が、社会の側にあるのか個人の側にあるのかという問いについて考える。この「問い」は、本書全体に通底する「問い」であるが、終章では、最終的にこの「問い」に対する答えを出すのではなく、この「問い」がどのような意味を持っているのかということについて論じることになるだろう。どのような意味を持っているのかを論じるほうが、筆者が提示する処方箋がより有効になると思われるからである。

# I　ひきこもり——総論

# 第1章　精神医学におけるひきこもり

日本では一九八〇年代後半から「ひきこもり」の現象が認められ、二〇一九年には日本で一一〇万人の「ひきこもり」の存在が内閣府により推計され、深刻な社会問題になっている。最近では日本だけでなく、アジア諸国やフランスをはじめとするヨーロッパ諸国でも「ひきこもり」の現象が認められるようになっている。

それでは、「ひきこもり」という現象は、「ひきこもり」という概念が出現する一九八〇年代後半以前は果たしてどのようであったのだろうか？　そもそも青年たちが仕事をしなかったり学校に行かなかったりして家に閉じこもりがちになる事態は、存在していなかったのだろうか？　あるいはそのような青年たちは存在していたが、それを名指す言葉がなかったのだろうか？　精神医学の対象になる方が先か、あるいはそういう青年の出現が先かということは精神医学のある種のパラドックスでもあり、それはとりわけ「ひきこもり」という現象によくあてはまることである。というのも、そのような青年の出現がなければ精神医学の対象になることは論理的にはあり得ないし、そのような状態をある呼称で名指しして精神医学の対象とすることがなければ、そもそもそのような青年の出現について述べることもできないからである。そこで、本当に、今で言う「ひきこもり」に似た人たちの存在は過去になかったのだろうかという観点で、精神医学における「ひきこもり」の歴史を辿ってみたい。

## 「ひきこもり」以前

日本では、一九二〇年代から、精神科医の森田正馬らによって、対人恐怖、神経質という概念が指摘され始めた。戦後になると、「ひきこもり」に最も近いものとして、対人恐怖の他にも、吃音、赤面恐怖症などが見られるようになった。こうした現象の出現は、家父長的な道徳律が一定程度残っていた時代に、一般社会の基本的心性として、自分が他者からどのように見られているかということが自己の存在にとって重要な要素であったということと、関係が深いものと思われる。ところが、一九六〇年代に、このような神経質の純型が減少しはじめた。この頃から、境界例などの患者が多くみられるようになるが、抑うつ、情緒不安定性、衝動制御の困難さ、自傷行為などが特徴的で、むしろ、自分が混乱し自己が確立していない状況をより直接に表現するようになった。

一方、一九五〇年代のアメリカで、エリクソンの心理社会的猶予期間という概念が登場する。この概念の導入にあたって彼は「この時期は、個体が自由な役割実験を通してその社会のある部門に自己の適所を発見する期間である」と述べている（Erikson, 小此木訳編, 1973）。このように社会の中で自身を定義することが、アイデンティティ（同一性）の意味合いである。アイデンティティは「達成されるべきもの」というニュアンスを持って使われることが多いが、アイデンティティとは達成されてそのまま同一であり続けるものではない。個人とは社会の中でズレながら運動し続ける存在であり、このズレこそが個人にとっての「危機」であるということである。猶予期間には青年期危機という言葉もあるように、さまざまな形でこのズレが現れやすい。

この猶予期間は、「モラトリアム」という言葉でも知られている。ハーバート・フーバー（一八七四〜一九六四）が一九二九年に第三一代アメリカ合衆国大統領に就任するとともに、ニューヨーク株式市場の大暴落が始まり、恐慌が全米へと拡大し、その後世界大恐慌が始まった。欧州各国では、賠償や戦時債券などのアメリカに対する支払いが困難になり、一九三一年六月二〇日、米大統領フーバーは、支払いを一年間猶予するという声明書を発表した。この「猶予」という政策に対して、moror（ラテン語で「遅らせる」という意味）を語源とするモラトリアム（moratorium）という新しい言葉が作られた。これが「社会（制度）が、危機的状況にある個人を、一定期間保護すること」というその後のモラトリアムという概念の始まりである。前述した社会の中での個人のズレに直面しないで済むシステムが社会の側から与えられており、これがモラトリアムの本質であると言える。

これを個人の外から観察すれば、「成人としてのアイデンティティを持つことが社会（制度）によって延期・猶予されている」ことになる。エリクソンは、このモラトリアムが機能せず、その結果社会の中で自らの位置づけができない（アイデンティティを確立できないと感じている）青年を「同一性拡散症候群」と呼んだ。この症候群は、以下のような六つの臨床像から成り立っている。

(1)同一性意識の過剰（自己像への過剰なとらわれ）
(2)選択の回避と麻痺（どんな選択・決断も葛藤を引き起こす状態）
(3)対人的距離の失調（自分を内的に孤立させ、規格化され形式化された対人関係をもつだけになってしまう）
(4)時間的展望の拡散（非常な危険が切迫しているという切迫感と生活の一次元としての時間意識の喪失）
(5)勤勉さの拡散（勤労感覚の急激な崩壊）
(6)否定的同一性の選択（社会が「望ましいもの」として提供しているものと反対なものへの過大評価）

この「同一性拡散症候群」という概念の意義は、モラトリアムを利用できない青年に対して、古典的な精神医学的診断を下してしまうのではなく、あくまで「発達の途上」にあるということを示したところにある。一方で、筆者が序章で述べたように、「ひきこもり」が、「私」というある特異的な存在がある概念（もちろん「ひきこもり」という概念でもよいが）として反復され同一性の物語へと回収されることへの抵抗であるとしたら、「同一性拡散症候群」は「ひきこもり」と同じ同一性の欠損という事態を指し示す概念であると言える。

日本でも一九六〇年代になると、こうした一九五〇年代に言われていた同一性拡散症候群についての議論が導入された。「自己とは何者であるのか？」という自己同一性の問いがこの病理の中心にあり、そこから人との間の適切な距離感を測りかねたり、将来目標である職業に関する選択の回避がなされたり、また、時間的展望がなくだらだらと時を過ごしたりするなど、これらは確かに今で言う「ひきこもり」の類似の状態であるが、それでも「ひきこもり」ほど深刻なものではなく青年に一時的に現れた傾向であり、当時の戦後民主主義などへの価値観の転換を余儀なくされたという社会背景を反映した現象であったと考えることもできる。

その後、日本では、一九七〇年頃から、家庭内暴力、校内暴力といった問題が浮上し始める。小此木は、こうした若者の背景に、思春期・青年期の猶予期間において、アイデンティティを持つことを意識的に延期しようとする心性を見いだした。これは社会から与えられる「手段」としてのモラトリアムを、逆に利用して「目的」としてしまう心性である。小此木は、当時の日本の新しい社会心理的動向、例えば企業組織、官僚などにも、モラトリアム人間の心理を共有する部分があると主張した（小此木啓吾、1985）。こうして、同一性拡散症候群の臨床特徴が次々と記述されていくことになるのである。しかし、それでも「ひきこもり」という言葉が登場する前の時代である。

さて、ウォルターズによってアメリカで報告されていたスチューデント・アパシー（一九六一）という概念が、一九六〇年代以降日本にも導入された（Walters, 笠原ほか訳、1975）。アパシー（apathie）はギリシャ語の apátheia（無関心、無感動）を語源とする言葉で、apátheia は、páthos（パトス、感じるもの）に否定の接頭語 a が付いた語である。その後、一九七〇年代に笠原らにより我が国に同様の大学生がいることが指摘され、退却神経症とも呼ばれた。大学生の無気力状態が神経症圏の病像として捉えられたのである。こうした現象は、社会や経済の変化により、青年期というものが長くなっていることに起因していると笠原は指摘している（笠原嘉、1988）。実際、当時すでにサラリーマンの例まで認められており、「もはやスチューデント・アパシーと称しにくくなった」とも述べられている（笠原嘉、1984）。

アパシー・シンドローム（スチューデント・アパシーと同義である）の七つの特徴のうち、主要な始めの三つを以下に紹介する（(4)から(7)は治療や経過の特徴についてであるのでここでは割愛する）。

(1)主観的には無関心、無気力、無感動そして生き甲斐・目標・進路の喪失が自覚されるのみで、教科書的な症状神経症者のように不安・焦燥・抑うつ、苦悶・後悔などの自我異質的（ego-alien）な体験を持たない。したがって当然自ら治療を求めるという動機に欠ける。

(2)客観行動は世界からの「退却」「逃避」と表現するのがぴったりする。苦痛な主観体験を「内側に」「症状」として形成することがほとんどなく、もっぱら「外に」「行動化」する。ただし、行動化といっても無気力、退却、それによる裏切りといった「陰性の行動化」である。退却はふつう本業ともいうべき生活部分（学生の場合なら学業）からの退却が中心で、本業以外への生活領域への参加にはそれほど抵抗を示さないことが多い。これには優劣勝敗への過敏さが関係する。予期される敗北と屈辱からの回避である。

(3)病前はむしろ適応のよすぎるほどの人である。しかし広い意味では強迫パーソナリティである。黒白二分式の完全主義、攻撃性と精力性の欠如が共通である。しかしアナムネーゼに強迫神経症的症状の形成はふつうない。

今から考えると、現代の軽度の「ひきこもり」に特徴として似ている点も多く、「ひきこもり」の本性と関連している側面もあると考えることもできる。

ここに反戦運動や安保闘争のような社会に対する不信感という時代背景を読み取ることもできる。山田は、アパシー・シンドロームでも重症化すると本業からの部分的退却が社会生活全般からの退却へと移行して「時に、自宅、下宿に引きこもってしまうこともある」と指摘している（山田和夫、1987）。また、稲村はアパシーの程度によって、「軽度」「中等度」「重度」の三段階に分けている（稲村博、1989）。このうち「中等度」「重度」についての記述はこのあと登場する「ひきこもり」そのものといってよいだろう。こうして、「ひきこもり」という言葉が登場する前夜を迎えることになるのである。

## 「ひきこもり」という言葉の登場

「ひきこもり」という言葉は、新聞記者が作った説、臨床心理士の富田富士也が作った説などがある。富田が「ひきこもり」という言葉を用いるようになったのは、不登校の「その後」の姿を表現するためであった。富田は一九八〇年代から不登校の相談活動に従事していたが、初めのうちは二〇歳を超えた子どもをもつ親からの相談の多さに驚いた。富田は、『ひきこもり』という言葉を私が意識しだしたのは、ここ五年くらい前からである。登校・就職拒否に悩む親子と関わって十数年になるが、最近その子どもたちを含めて、まるで『人間拒否』するかのように、人との関わりを長期に拒絶している若者と出会うことが多くなった」と述べている（富田富士也、1992）。この表現からは、今の「ひきこもり」という言葉から得られるイメージとほぼ同じものを得ることができるだろう。

ここで重要なことは、「ひきこもり」が現れた当時、そのような状態の人々が相談室に現れて自らの悩みを表現するようになったのではなく、親たちや彼らの話を相談室で聞いていた臨床心理士といった外からの眼差しによって生み出されたと言えることである。

「ひきこもり」の記事が登場したのが、「読売新聞」が一九八九年、「朝日新聞」が一九九〇年である。また、『平成元年度版青少年白書』によると、「ひきこもり」と無気力は同義であり、「引きこもりは、例えば、一日中自室にこもったり食事も自室に持ち込んで一人で摂ったりするなど、家族以外の人間だけでなく家族との接触も最小限にしようとするものであり、無気力は、例えば、学業や職業生活等への興味を失って、無為のままいつまでも日を過ごしてしまうもの」と書かれており、ここでは「ひきこもり」を社会参加しない人というよりも無気力という意味合いで扱っていると言える。一九八〇年代後半になると世の中にフリースクールやフリースペースなど、「ひきこもり」をめぐる様々な対応施設が既に登場していたようである。

## 「社会的ひきこもり」という概念

斎藤は、「社会的ひきこもり」を、「六ヶ月以上社会参加をせず、就学や就労をせず、家族以外に親密な対人関係がない状態」と定義した（斎藤環、1998）。

「ひきこもり」の中でも外出する人はいるものの、原則的に家にいるものと考えられている。実際、「ひきこもり」の多くはベッドやソファーで多くの時間を費やし、外出するのも同級生や隣人に会わないようにするために夜遅くかあるいは朝早くである。また、自分の状態を隠そうとして、学校や仕事に行っているふりをして、毎日外出して通りを歩いたり電車に乗ったりする人もいる。斎藤はこのような具体的な行動様式を示しながら、「社会的ひきこもり」とうつ病や統合失調症による二次的な「ひきこもり」を区別している。斎藤は、「ひきこもり」は中流から上流階級に認められ、破綻した家族にはほとんど見られない、疾患でも病気でもなく、一つの状態であり、個人・家族・社会との間のコミュニケーションシステムの機能不全に原因を持つ、と述べている（斎藤環、1998）。

ここで重要なのは、斎藤は、医療的な立場から「ひきこもり」について述べていることである。一九八〇年代後半から議論されていた、そもそも「ひきこもり」は治療すべきなのかどうかという問題に対して、斎藤は、「ひきこもり事例の一部、とりわけ精神症状を伴うなどしてこじれたケースについては、精神医学的な治療が部分的に有効であり得る」と述べている（斎藤環、1998）。

このように斎藤は治療の重要性を強調しており、それはひきこもっている当人がシステマティックな悪循環の構造のなかに取り込まれ、抜け出したくても抜け出せないという葛藤に陥っているためであるという。この構造のことを「ひきこもりシステム」と呼び、このシステムは個人・家族・社会という三つのシステムが互いに閉鎖的になることで生じるとされ、それはこじれるほどに安定化するため、ひきこもっている状態が長期化すると述べている（斎藤環、1998）。つまり、ひきこもっている期間が長引くと当人のなかでは就労への圧力から焦燥感や不安が生じ（個人―社会）、そこに家族からの説教や叱咤激励が加わると、それらが膨らんでいっそう身動きがとれなくなり（個人―家族）、さらには家族も世間体のために問題を抱え込むことで（家族―社会）、ひきこもっている状態が長期化・安定化していくのである。

こうして精神医学の中に見いだされた「ひきこもり」は、ある一つの理念型としてしっかりと定着したと言える。それは無気力かどうかということよりも、社会参加しているかどうかによって「ひきこもり」かどうかが決まるようになったということなのである。以上のように考えると、序章で述べたような厚生労働省による「ひきこもり」の精神医学上の定義が「様々な要因の結果として社会的参加（義務教育を含む就学、非常勤職を含む就労、家庭外での交遊など）を回避し、原則的には六ヵ月以上にわたって概ね家庭にとどまり続けている状態（他者と交わらない形での外出をしていてもよい）を指す現象概念である」と、社会（的）参加が最も重要な基準になっていることはよく理解できるだろう（厚生労働省、2010）。つまり「ひきこもり」は「社会的ひきこもり」とほぼ同義となったのである。

表1　「ひきこもり」の多軸評価（厚生労働省，2010）

| | |
|---|---|
| 第1軸 | 背景精神障害の診断 |
| 第2軸 | 発達障害の診断 |
| 第3軸 | パーソナリティ傾向の評価（子どもでは不登校のタイプ分類） |
| 第4軸 | ひきこもりの段階の評価 |
| 第5軸 | 環境の評価 |
| 第6軸 | ひきこもり分類 |

## 「ひきこもり」の臨床

日本の「ひきこもり」の臨床においては、二〇一〇年以降のガイドライン（厚生労働省、2010）上は、多軸的な評価、つまり、第一軸として背景にある精神疾患の評価が、第二軸として自閉症スペクトラム障害の評価が、第三軸にパーソナリティの評価（子どもの場合、A「学校生活上の影響」の型、B「あそび・非行」型、C「無気力」型、D「不安など情緒的混乱」の型、E「意図的な拒否」の型、F「複合」型）が、第四軸にひきこもりの段階の評価が、第五軸に環境の評価が、第六軸にひきこもり分類の評価がそれぞれ行われる（表1）。そして、その評価の結果に従って、例えば第一軸の精神疾患の存在があればそれに対する治療を行い、第二軸の自閉症スペクトラム障害の傾向がある程度認められれば、その傾向を治そうというよりはその傾向を保ったまま社会への適応を支援していく形で治療の方向付けがなされ、第三軸のパーソナリティの傾向に「ひきこもり」の要因が想定される場合には（例えば回避性パーソナリティ障害など）それに対する治療（精神療法、薬物療法など）が行われることになる。複数の軸で何らかの傾向が評価された場合には、それぞれの対処法が並行して施される。それは、「ひきこもり」そのものは治療的に直接介入できないが、以上のようにそれぞれの軸について対処法を

**表2**　第6軸「ひきこもり」分類（厚生労働省，2010）

| | |
|---|---|
| 第1群 | 統合失調症，気分障害，不安障害などを主診断とするひきこもりで，薬物療法などの生物学的治療が不可欠ないしはその有効性が期待されるもので，精神療法的アプローチや福祉的な生活・就労支援などの心理－社会的支援も同時に実施される． |
| 第2群 | 広汎性発達障害や精神遅滞などの発達障害を主診断とするひきこもりで，発達特性に応じた精神療法的アプローチや生活・就労支援が中心となるもので，薬物療法は発達障害自体を対象とする場合と，二次障害を対象として行われる場合がある． |
| 第3群 | パーソナリティ障害（ないしその傾向）や身体表現性障害，同一性の問題などを主診断とするひきこもりで，精神療法的アプローチや生活・就労支援が中心となるもので，薬物療法は付加的に行われる場合がある． |

施すことで、本来の目標である「ひきこもり」の改善が期待されるとされているからである。

さらに、第六軸の「ひきこもり分類」は、統合失調症、気分障害、不安障害などを主診断とする「ひきこもり」（第一群）と、広汎性発達障害や精神遅滞などの発達障害を主診断とする「ひきこもり」（第二群）と、パーソナリティ障害（ないしその傾向）や身体表現性障害、同一性の問題などを主診断とする「ひきこもり」（第三群）に分類される（表2）。前述した精神医学上の厳密な定義での「ひきこもり」は主に第三群に分類されるが、実際の臨床場面では曖昧な面も多く、第一群や第二群のような「ひきこもり」も存在する。

他の精神的問題との関連では、基本的にその時代に趨勢を示す問題との関連で論じられている。例えば、中村らや北西による、対人恐怖症との関係で「ひきこもり」を論じた研究においては、対人恐怖症の結果「ひきこもり」へと至る群の存在について指摘されている。特に、中村らは、一九七〇年代の（対人恐怖症を含めた）神経症群と一九九〇年代の同様の神経症群を比較したところ、全体的に「ひきこもり」傾向にある症例が増加していたと指摘している（中村敬、ほか、1997）。また、逃避型抑うつとの関連についての研究（大森健一、1997）や、強迫パーソナリティと関連した詳細な治療的展望についての議論を含めた研究（近藤直司、長谷川俊雄編著、1999）もある。さらに、諏訪と鈴木は、背景にいかなる既存の精神医学的障害も見いだせない「ひきこもり」を「一次性ひきこもり」と名づけ、その状態の記述を試みている（諏訪真美、鈴木國文、2002）。小川は「ひきこもり」の基盤にあるパーソナリティの病理として、スキゾイドか発達障害を指摘している（小川豊昭、2014）。

さらに、樋口によって提唱された「準ひきこもり」という概念があり、以下のように定義されている。

一部の大学生が取る非社会的行動の一種である。大学には真面目に登校し、学業成績にも問題はない。また目立った問題行動はない。しかし、家族を除く他者との交流がほとんどなく、従って対人的な社会経験が不足している状態のこと。しかし本人や周囲の者は問題の存在にさほど気づいていない。就職活動や社会人生活へのレディネスが形成されていないため、就職活動期もしくは卒業後に社会不適応を起こす状態のこと。（樋口康彦、2006a）

要するに、完全に自宅もしくは自室に閉じこもっているわけではないが、基本的に家族を除く誰とも心の交流がなく、言わば外出をする「ひきこもり」のことを指してこう呼んでいるのである。このことは、空間的に外出することと「ひきこもり」が決して対極をなしているのではない（つまり、しばしばそう誤解されがちであるが、「ひきこもりは決して外出恐怖ではない」ということである）ことを示していると言える。

## 「ひきこもり」の社会問題化

「ひきこもり」が医療化されると同時に、二〇〇〇年代初め頃から、「ひきこもり」が社会問題となり始める。佐賀県のバスジャック事件（二〇〇〇年）を筆頭に、「ひきこもり」の新聞などのメディアにおける関連記事が増えている。これによって、「ひきこもり」が犯罪の温床であるかのようなイメージが形成されたのも事実である。こうした背景をもとに、全国各地で民間団体による支援活動、当事者や親によるグループ活動が活発化した。小田は、最近の少年による殺人事件が、従来の分類に当てはまらない新型であることを述べ、その上で現象的に、非行関連行動なしに突如、重大な犯行を起こす「突発型」または「いきなり型」と、ひきこもり生活が続く中で突発的に重大犯罪の形で突出する「引きこもり突発型」の二型に分類した（小田晋、2000）。

一九九九年にニート（NEET : Not in Employment, Education, or Training）という概念が英国で登場した。イギリスの社会的排除防止局の定義によると「一六〜一八歳の教育機関に所属せず、雇用されておらず、職業訓練に参加していない者」である。この定義に基づいて、二〇〇四年に厚生労働省で行った調査によると、ニートは約六四万人に上るとされた。一九九四年から継続していた就職氷河期という社会情勢が、それを反映させていたとも言える。ニートは社会とのつながりが希薄であり、ニートの中に「ひきこもり」の人が存在するとも言われていた。二〇〇四年五月一七日の産経新聞に「NEET 働かない若者/就労意欲なく親に〝寄生〟」という見出しの記事が掲載された。ここではニートの四類型として「ヤンキー型」「立ちすくみ型」「つまずき型」と並んで「ひきこもり型」が挙げられていた。このようにニートという概念は「ひきこもり」を包含するような形でイギリスから日本に導入されたと言える。小杉によるニートの定義では、「仕事をせず、失業者として求職活動もしていない非労働力のうち、一五~三四歳で卒業者かつ未婚で、通学や家事を行っていない者」となっている（小杉礼子編、2005）。二〇〇二年においては、全国で八五万人いるとされた。

その後、政府は「ニート」対策に乗り出し、二〇〇五年に民間団体が実施主体になり「若者自立塾」が全国に作られるようになった。若者自立塾はニート対策という看板を掲げていたものの、問い合わせの大半はひきこもる子どもの親からのものであったという報告もある。

## 不登校との関連について

一九五〇年代に学校恐怖症という概念が日本に導入された。また、一九四八年にはウォーレンによって登校拒否という概念が生み出された（Warren, 1948）。この当時は神経症の枠内で捉えられており、分離不安や父性の不在、子どもの社会参加への過剰な不安など、親子関係や子どもの人格特性に原因を見ようとしていた。一方、これらの概念は、むしろ子どもの問題ではなく学校の問題であるという議論も登場した。欧米においては、疾患ではなく「症候群」として扱ったほうがよいという考えもあり、現在でもこのほうが主流であると言える。

登校拒否は、一九七〇年から九〇年にかけて、子どもの問題や家族の問題を超えて、社会問題として広範囲に議論が広がっていった。一九九二年には「拒否」という用語にはスティグマがあるとする議論が生まれ、「不登校」という概念に改められた。ここで「安易に介入しないほうがよい」という考えが一部に定着したとも言える。一九九二年度の学校基本調査では、年間三〇日以上欠席した不登校生徒は小学生が約一万四千名、中学生は約五万八千名であり、発生率では小学生は約〇・二%、中学生は約一・二%となっている。また、同時に不登校の子どもは「いじめ」などの問題を抱えていたり、頭痛や腹痛などの身体の不調を訴えるということも指摘されるようになり、「仮病」という言葉も不登校という意味合いを持つようになった。

不登校のなかの「ひきこもり」の状態については、一九八〇年代は「閉じこもり」と呼ばれていた。工藤は、ただ「待つ」ことによって二十年も無為に過ごしている人の存在を指摘して、「見守る姿勢」を批判している（工藤定次、斎藤環、2001）。

そして、「不登校」の医療化が一九九〇年代からなされるようになってきた。つまり、不登校の人が児童思春期外来を訪れた際に、分離不安障害、社会不安障害、過剰不安障害、気分変調症、適応障害という病名がつけられるようになった。また、二〇〇〇年代になり、軽度発達障害の子どもで不登校の状態になることがあることも指摘されるようになった。だが、精神医学的観点からのみ不登校を見ようとする姿勢に対し、不登校の偽精神医学化として批判する人もいる。

不登校の追跡研究も行われるようになった（不登校を主訴として児童精神科に入院した四〇八名に対するアンケート調査）。その中で適応群のほうが不適応群より有意に多いこと、不安障害、パーソナリティ障害、統合失調症、抑うつなどを示していた群は十年後に社会的不適応になる可能性が高まることが指摘された（齊藤万比古、2006）。

さらに、不登校と「ひきこもり」の違いを強調する研究者もいる。不登校は、学校に通う児童期や思春期の子どもたちの抱える課題であるのに対して、「ひきこもり」はすでに学校を卒業した若者や成人の問題である、という考えである。筆者もこの考えに賛成の立場である。不登校の子どもたちは社会への参加を猶予された存在であることから、経済的な自立を含む自立をめぐる葛藤から比較的自由であるが、「ひきこもり」の人は社会的自立の課題を突きつけられ、自立をめぐる葛藤や苦悩に苛まれやすいということが、筆者の臨床経験からも実感していることである。

不登校と「ひきこもり」の差異については、発達の時期や年齢なども違うことから、精神病理の差異についても指摘されている。つまり、年齢の低い子どもの場合は可塑性に富むと同時に周囲からの支援への抵抗も少ないことによって、かりに精神症状が出現しても比較的回復が容易であるが、逆に年齢が高くなり成人に近づくにつれて可塑性が低下するとともに周囲からの働きかけへの抵抗も強まり、症状が固定化したり増悪したりしやすくなっていくということである。一旦、成人してからも、年齢が高くなればなるほど症状の固定化が顕著になるのは筆者の臨床経験からも言えることである。こうしたことは、本書で述べることになる「ひきこもり」の長期化・高齢化の原因の一つでもあるのだろう。

以上のことから、本書は、不登校についての書ではなくあくまで「ひきこもり」に関する書であることをここで確認したい。次章では、実際の臨床場面で現れる「ひきこもり」は多様性を示していることを記し、筆者の「ひきこもり」の臨床経験をもとに、「ひきこもり」にとって個人と社会の関係性のあり方、つまり、ひきこもっている状態の青年が何を望み何を欲しているのかという「主体」のあり方やその多様性について考察する。

# 第2章　ひきこもりの精神病理

「ひきこもり」という事象は、精神医学のみならずそれ以外の領域においても、「社会参加の有無」という観点で評価される。だが、実際の「ひきこもり」の臨床像は多様性を示しており、その精神病理を決して一括りにして論じることはできない。筆者は、「ひきこもり」の臨床経験から、確かに、「ひきこもり」にとって、「社会参加」とは個人と社会の関係性のことではあるが、むしろその関係性のあり方を問うことが臨床像の多様性を説明するためには重要なのではないかという考えに至った。その関係性とは、ひきこもっている個人が社会との関係で生きていく際の、何かを望んだり欲したりする「主体」のあり方のことである。本章では、その「主体」のあり方の様式を取り上げるために、「ひきこもり」という共通項を持つ二名の事例の精神病理について考察する。まず、その二名の事例において個人と社会との関係性がどのように表れているかを記述し、その中に認められる一定の「傾向」を抽出し、それを「ひきこもり」を理解する理論的概念として提示することを目指したい。さらに、この考察から、ラカン（Lacan, J.）理論を用いて構造論的解釈を用いることで、多様な「ひきこもり」の様態を理解する仮説上、解釈上のモデルを提示して、「ひきこもり」を総体として理解する病理学的議論を試みたい。

### 「ひきこもり」の精神病理学的多様性

「ひきこもり」とはそもそも何だろうか？　この「問い」の後にしばしば持ち出されるのが、序章でも見た厚生労働省による以下の「ひきこもり」の定義である。「様々な要因の結果として社会的参加（義務教育を含む就学、非常勤職を含む就労、家庭外での交遊など）を回避し、原則的には六ヵ月以上にわたって概ね家庭にとどまり続けている状態を指す現象概念である。なお、ひきこもりは非精神病性の現象とするが、実際には確定診断がなされる前の統合失調症が含まれている可能性は低くないことに留意すべきである」。

「ひきこもりとは何か」という問いに際して、「ひきこもり」の本質が問われるのではなく、まず「ひきこもり」についての「定義」が問題になるのはなぜだろうか。それは、「誰がどこでどのようにそのような青年を問題と捉えているのか」という医療者や家族、教育などの「視点」に拠るところが大きいからではないだろうか。しかし、その「定義」は完全に恣意的なものではない。「ひきこもり」の「定義」にあてはまる人には一定の「傾向」が見られるからである。それでは、彼らに一定の「傾向」が見られるのはなぜだろうか。それは、「ひきこもり」という事態が社会参加に関わる問題である以上、個人と社会との関係性に関連した問題を持っていることは「ひきこもり」の状態にあるどの個人にも共通しているからではないだろうか。

これまでに、「ひきこもり」はパーソナリティや病態など様々な角度から論じられてきた。例えば、「ひきこもり」の精神分析的考察やその考察に基づき「自己愛型」「シゾイド型」「回避型」という三タイプを提示した議論が存在する（衣笠隆幸、1998, 2000）。また、諏訪らの、従来の精神医学の診断分類にはあてはまらない「一次性ひきこもり」という概念もある。諏訪らは、この「一次性ひきこもり」について、スキゾイド、回避、自己愛などの性格傾向は持っているものの、パーソナリティ障害と判断できるような固定的な性格病理はみられず、「ひきこもり」以外には人格の偏りに起因する他の症状や問題行動は認められなかったと述べている（諏訪真美、鈴木國文、2002）。

また前章でも触れた、中村らや北西による、対人恐怖症との関係で「ひきこもり」を論じた研究がある。これらの研究においては、対人恐怖症の結果「ひきこもり」へと至る群の存在について指摘されている。特に、中村らは、一九七〇年代の（対人恐怖症を含めた）神経症群と一九九〇年代の同様の神経症群を比較したところ、全体的に「ひきこもり」傾向にある症例が増加していたと指摘している（中村敬、ほか、1997）。

さらに、逃避型抑うつとの関連についての研究や、強迫パーソナリティと関連した詳細な治療的展望についての議論を含めた研究、現実世界との接触を避け、自己愛的・万能的な内的世界を保護するために対人関係からひきこもっているという精神分析の思考もある。近藤は、特に自己愛パーソナリティの病理については、あまりに多義的な観点が含まれているので、欲動論的観点、パーソナリティ傾向としての観点、自己愛の肥大と傷つきという観点、内的対象関係と自己・対象表象の特性に注目した観点に整理して論じる必要があると述べている（近藤直司、2001）。

以上のように「ひきこもり」は、そのパーソナリティに病理がある場合やない場合もあり、また、病態も様々であるなど、極度の多様性を示している。「ひきこもり」を一括りにした上で「ひきこもり」以外の付随症状をベースに下位区分を考えることは、これまでもなされてきた。だが、ある「ひきこもり」の青年が一切の社会活動を断ち切って自室にこもっていても、それは本人あるいは本人を取り巻く人々の視点の中でそうなっている（つまり、本人を「ひきこもり」と見做している人が存在する）のであって、その視点を離れて見るならば「そういう形で社会との関係性を持っている」と言うことができる。多様性を検討する際にむしろ重要になるのは、付随症状を詳細に記述していくことではなく、社会と個人の関係性に関わる「主体」のあり方について、さらに言えば、ひきこもっている個人が社会との関係で何かを望んだり欲したりしながら生きていく際に、そのような「主体」がどこに位置づけられるのかについて検討しておくことではないだろうか。ここで「主体」という用語を用いたのは、ひきこもっている事態を指し示すためではなく、意識的であれ無意識的であれひきこもっている事態を成り立たせている存在者のことを指し示すためである。

筆者は、かつて、個人が「社会」に出会う前に「ひきこもり」が生じるというタイプの「ひきこもり」の存在の特異性について論じた（古橋忠晃、2012）。つまり、関係性を持たない段階で（関係性と出会う前に）、関係性から退くというタイプである。この論理は自明のようではあるが、改めて考えてみると矛盾を孕んだ論理である。この論理の矛盾とは、もし「ひきこもり」という事態を社会と出会う前に（社会との）「関係性から退いている状態」とするならば、「退いている形式で社会との関係性を持っている（社会と出会っている）」と考える限り、そもそも「ひきこもり」が社会と出会う前の事態であることに矛盾しているということである。つまり、単に、関係性から退いていると記述するのではなく、「ひきこもり」という事態の論理の矛盾を孕んだ逆説的なあり方について検討する必要があるということである。

また、この「矛盾」に関連して、上山は、「ひきこもり」は一般の人とは違って（「社会」に出る前に）「公」を過剰に生きてしまった人たちであると述べている（上山和樹、2001）。

## 社会と個人の関係性に関わる「主体」のあり方

一般的に、通常の人間における、社会の中で何かを望んだり欲したりする際の「主体」のあり方について考えてみよう。フロイト（Freud, S.）は、「快原理の彼岸」において、通常の人間におけるメタ心理学の見取り図全体を示しており、以下のように述べている。「われわれの意識は内部から、快・不快の感覚のみならず、ある特有の緊張の感覚も伝達してくる。後者の緊張感覚はそれ自身また快の、あるいは不快の感覚ともなりうる。……生の欲動は絶えず緊張をもたらす邪魔者として登場し、その緊張が解消されると快として感じ取られる一方、死の欲動の方は目だたずにその仕事を遂行しているように思われる。それだけにいっそう、生の欲動は内的知覚に関わってくることが多く、その点もわれわれの目につかざるをえない」(Freud, 1940)。

これは、人が何かを欲したり望んだりして生きていく際に、緊張の中に身を置きつつ、結果としての充足状態という緊張のない快の場(これをフロイトは死の欲動の場、即ち、「死」であると考えた)から自身を退けている心の動きを持っていることができるということである。つまり、緊張のない快の場があるからこそそれとの関係で成り立っている「主体」があるということである。しかし、緊張のない快の場では、主体的に何かを欲したり望んだりしているとは決して言えないという、「主体」でありながら同時に「主体」ではないという逆説的な論理そのものに「主体」が取り込まれてしまっている事態がありうることになる。そして、社会や文化は、言語という間主体的なものを媒介としながら、この「主体」と「緊張のない快そのものの場」との「裂け目」を巡って形成される。社会の中で生きることで形成される、個人がただ浸っている「快」と「死」とが交差する地点からの「距離」について、ラカンは、人間の本質をなしているという意味で「裂け目 béance」と表現している。後述していくように、社会や文化というものは、同時に、個人を「緊張のない快そのものの場」へとアクセスを促してしまう役割も持っている(「裂け目」を縮小する)とも言えるだろう。

さて、「ひきこもり」について、人間関係を避け自室にこもってゲームばかりしているという紋切り型のイメージに従って、不快なものを避けて快に従って生きているという記述だけで説明しつくすことができるのだろうか。筆者は、この記述だけでは、臨床像の多様性を説明できないと考えている。「ひきこもり」の中には「緊張のない快そのものの場」にただ浸っている場合もあれば、一方で、不快ではあっても緊張の中に身を置きつつ何かを欲したり望んだりすることで「快そのものの場」（「死」の場）から身を退けている場合もあるからである。この差異が、「ひきこもり」の臨床像の違いとして現れているのではないかというのが、本章で中心となる主張である。この違いを記述するには、「何かを欲したり望んだりしている」「主体」（これはいわゆる通常の「主体」である）と「快そのものの場」との間の「ズレ」を捉えるメタ心理学的な視点が必要なのである。

**事例研究**

本節では、パーソナリティや病態に臨床上の多様性を示す「ひきこもり」という状態に関して、それぞれの「主体」と「快そのものの場」との関係性が、どのようなあり方を示しているのかという問題意識で、二つの臨床事例を検討してみたい。筆者の自験例である「ひきこもり」の事例の中から、「ひきこもり」の状態であることは共通しているが、（緊張のない）「快そのものの場」に対する「ひきこもり」の主体の関与の仕方については異なるあり方を示していると考えられる二例（事例Aと事例B）を通して考察する。本人の同定ができないよう内容を大幅に変更し、匿名性の保持に十分な配慮をした。

**事例A**

事例Aは、オンラインゲームの長時間プレイの状態で自宅にひきこもっていた二一歳（初診時）の男子大学生である。同胞としては姉がいる。中学ではそれなりに成績もよかったが、高校受験に失敗し、不本意な高校に進学した。そこで勉強を頑張り第一志望の大学を目指す。だが、結局、受験に失敗して第二志望の大学に不本意入学した。

入学した直後から、自宅にひきこもり始めた。ひきこもり始めて直後のX年五月のある日、筆者のもとを訪れた。診察をしてみると、いかに自分の「ひきこもり」の程度がひどいかということを強調していた。診察が始まった初期の頃は、授業に出たり出なかったりしていた。授業に出ると不本意な大学であることを実感して悔しくなるので嫌だと話していた。その後、本人が「重症の『ひきこもり』」と誇張していた通りの状態になってしまう。

大学の授業は全く出席せずに、週に一度、筆者のもとを訪れ続けている。一日中、インターネットでゲームばかりしているという。本人は、詳細なゲームのストーリーについて、それがいかにすばらしく構成されているかを満足げな様子で筆者に披露する。「女性とは付き合わないことに決めている」と述べる。本人が、「筆者がそのような自分を認めており、授業に出席せずひきこもることを望んでいる」という空想を持っていることもわかってきた。本人はひきこもっている現状を治療によって承認されることを望んでいるようであった。

「父親は黙っている。僕が自分のことを『ひきこもり』だと伝えてから、母親は静かになったように見える」「受験したときの第一志望の大学入試の問題について、落ちついて解けば合格して目的を果たすことができたのにと思って後悔している」「毎日、万能感に浸っている。周囲の人からすばらしいと言われているような空想をしている」などと述べた。空想だけではなく夢の報告も盛んで、例えば「落ちたら死ぬことがわかっているほど高いビルの上から何度も突き落とされる。自分が突き落とされたあと、パラシュートが投げ込まれる。『落ちている間につけろ！』という怒鳴り声が上のほうから聞こえる。でも地上に激突するまでに装着が間に合わない。体の痛みに備えようということを考える。何度も何度も突き落とされる。やはりパラシュートは間に合わない。自分が死ぬことより、『体の痛み』のほうが心配だった」と夢を報告した。

**事例B**

事例Bは、二三歳（初診時）の男子大学生である。同胞としては妹と弟がいる。Bは、中学校、高校と特に問題はなく成績もよかったが、特にやりたいことがなくあえて言えば昔から物理に興味があったので、物理について研究できたらと思い大学に入学した。大学四年生までは、授業も全て出席し、卒業研究が始まってからは終電で帰るなど表面的には問題のない大学生活を送っていた。だが、ゼミでディスカッションをする機会が始まり、先輩たちを前にして、自分の意見が言えないのを恥ずかしく感じるようになり（逆に、自分の意見を言うのも恥ずかしいと感じた）、次第に研究室から足が遠のくようになり、いつの間にか物理への関心も失ってしまった。死ぬことも考えたが実行はしなかった。ある日、指導教員と両親と共に、筆者のもとを訪れた。

Bの指導教員は、「Bはとても能力が高いのに、どうして、彼が研究室に来なくなったかわからない」と述べた。初診で「自分の状態を何だと思うか」という質問にBは「わかりません」と答えた。その後、「指導教員は、先日の面談の後、何も言ってこなくなった」「朝起きるのが辛い。起きてもすぐに、『今日はまあいいや』という気持ちになる」「自分の中では、『楽なもの』に引き寄せられている感じ。サボっている感じがないわけでもない。これからどうしたらよいか考えた。研究もしないといけない。でも、研究室にいくのはそれほど抵抗があるわけではない感じもある。ただ、研究室に行かなくてはと思うと、かえって行けなくなる感じがある。周囲に迷惑をかけないようにしたい。自分が避けたいものが自分でも何かわからない」などと述べた。

また、ひきこもって一年ほど経った頃には、「指導教員から励ましのメールが来たけど、無視してしまった。どうにか行ったとしても、指導教員がこんな自分をどう扱ったらいいかわからず、むしろ困るだけではないか」「指導教員からまたメールが来た。大学のことは片手間でいいから就職活動してみたらどうかって。迷惑かけっぱなしで申し訳ない。踏み出せない自分がいる。決断するべきときなのかもしれないけど決断できない」「高校生の弟も友達があまりいないみたいで、学校には行っているけどそのうちひきこもってしまう気がする」と述べていた。

Bは、強迫的とも言えるほどに規則正しい生活を心がけ、インターネットに囲まれた生活をしているにもかかわらず、その使用を一日一時間に自ら制限していた。「ひきこもり」の状態にありながら、インターネットやゲームなどに埋没しそうになると、自らブレーキをかける傾向があった。

## 事例についての考察

事例Aや事例Bに関して、彼らの思考過程、記憶、知能、感情や気分の状態、意欲や行動などに問題となる所見はなく、特に明確で客観的な精神科領域の診断を下すことはできなかった。彼らの状態は「ひきこもり」の定義にしかあてはまらなかった。むしろ注目すべきは、客観的・主観的症状のなさと彼らの「ひきこもり」状態の深刻さとのギャップであろう。衣笠（衣笠隆幸、1998, 2000）の下位分類では、事例Aは「自己愛型」で事例Bは「シゾイド型」の可能性があるが、事例Aも事例Bも同時に「回避型」の性質をそれぞれ示していることは否定できない。つまり、この下位分類は一つの理念型であり、その分類によって個別具体的な「ひきこもり」の事例を明確に分類することは必ずしも容易ではないと思われる。

二症例とも社会活動から身を引いている状態であるという点では共通している。だが、個々の「主体」と「快そのものの場」との関係性がどのようなあり方を示しているのかという観点では、両者の間に差異が見られた。二症例を併置させながら、この差異に関して幾つかの観点で以下詳細に検討することにしたい。

## 「快そのものの場」との関係

事例Aと事例Bにおける、個々の「主体」と「快そのものの場」との関係性について検討する前に、それぞれの事例において、何が「快そのものの場」として示されうるものなのかを明確にしておく必要がある。

**事例Aの場合**

Aは、「不安」が心理的に感情の不安定を導いたというよりも、むしろ「不安」など不快な心的状態になることを回避する心理に支配されていたと考えることもできる。「回避」という言葉をやむを得ず用いたが、Aは意図的に「回避」しようとしていたわけではないことを付言しておこう。

Aは、現在でも、主治医以外の人と話すことはなく、父親はAにとって無口なままである。

Aの「高いビルの上から何度も突き落とされる夢」でも、「パラシュート」という助けを借りながら、「体の痛み」の回避を反復していた。Aによれば、「体の痛み」よりもその向こう側にある「死」のほうが怖くなかったという。この夢は、「パラシュート」を装着して痛みを回避しようとする主体の欲望を超えて、「快そのものの場」へと至ろうとしていた夢であると考えることができるだろう。また、毎回、何度も突き落とされた結果どうなったかということについての言及がないことも、回避されているものの存在を示していると思われる。

また、Aには、予測できないものを回避する傾向もあった。さらに女性関係を「女性とは付き合わないことに決めている」と回避している。恋愛とは、Aにとって、予測不能で失敗する可能性を常に持つものだからである。

**事例Bの場合**

Bは、インターネットやゲームといった嗜癖世界、「快そのものの場」への接触を示す一方で、それらの世界や幻想に対する抑制が生じていた。Bの「快そのものの場」を禁止する機能を果たしている父親的な超自我の審級、つまり、自我に対して禁止を強いるような審級は減弱しないままでいるように見える。指導教員に対する態度などにおいてわかるように、本人の周囲はひきこもっている状態にある本人に対して寛容な態度を示しているにもかかわらず、本人においては超自我の審級が機能していたと言えるだろう。これは、Bの心的構造にいわゆる通常の超自我が存在することを示していると言える。

Bが研究室には行かず自室という私的空間にこもり続けたのは、自身の意のままになる「場」の保持を目指すためであったと考えられるだろう。しかし、こうした「場」の保持に関しても、Bにとって、周囲が「容認」しているように見えるにもかかわらず、本人は不自由さを感じており決して安楽な状態を得てはいなかったのである。

## 個人と社会との関係

### 事例Aの場合

Aは「快そのものの場」へと至ろうとしていたと言える。しかも、「快そのものの場」へと至らせようとするファクターをA個人のあり方にのみ還元することができない。Aを「緊張のない快の場」から抜け出させようとする周囲の人物の言葉や手立てが全て空転しており、さらに、Aを取り巻くゲームやインターネット、アニメなどの文化的状況もAをさらにそのような場に追いやろうとするものばかりであった。要するに、本人の「快そのものの場」への流れを止めるファクターが、本人を取り巻く家族や大学などの周囲に不在であったということを含めて、本人の主体のあり方であったと言える。本人の周囲は、本人に学業よりも「ひきこもり」の治療を優先させており、ますますAを重症の「ひきこもり」として位置づけさらに加勢している状態であったのである。

こうしたAの傾向を考えてみると、ゲームをやろうと主体的に欲したり望んだりしていると言うことは難しい。ここで、Aの「快そのものの場」というのも、いくらAが関与している場であっても、Aによって主体的に欲されている場であるとは言えないのではないだろうか。こうした観点での「快そのものの場」を、個人に内在する「場」としてではなく、個人を超えた社会や文化の中にも遍在しうる「場」として、つまり、メタ心理学的な視点を含めた概念として、ラカンは「享楽」という概念で示している。ラカンは、「享楽」という概念を導入する際に、それが、主体にとって致死的な側面を持つことを強調している（Lacan, 1966c, 1998）。これは、これまでフロイトに即して本章で「快そのものの場」が「死」の場であると論じてきたことと関係していると言えるだろう。

Aの「高いビルの上から何度も突き落とされる夢」について、「自分が突き落とされたあと、パラシュートが投げ込まれる。『落ちている間につけろ！』という怒鳴り声が上のほうから聞こえる」と述べている。Aは、周囲の後押しを受けながら「快そのものの場」へと自らを導こうとする際に、主観的な痛みを回避する状態を得ようとしていたと考えることができる。つまり、反復という形を取りながら、Aを取り巻く周囲がAを「快そのものの場」へと向かわせようとしていた。ここでAが関わっていたものこそ、メタ心理学的な視点から、Aの「享楽」であったと言うことができるのではないだろうか。Aにおいては、自身と「享楽」との関係性が、自身の欲望の通りに行動することで発生する責任を周囲の後押しを得ながら回避するというAの主体のあり方に結びついていたのである。

**事例Bの場合**

Bにおいても、Aと同様に、「指導教員は、先日の面談の後、何も言ってこなくなった」とB自身が述べているように、両親や大学はB自身の「ひきこもり」について寛容であったように見える。しかし、前述したように、Bは、超自我が機能するのと同時に、主観的には超自我を回避しようという二面性を持っていた。Bには、超自我、つまり、社会の掟によって社会へと召喚される不安があったと言えるだろう。

## 「裂け目」あるいは神経症との関係

**事例Aの場合**

Aについては、「快そのものの場」へと自らを導こうとする際に周囲の後押しを得ようとする傾向（つまり、自身と「享楽」との関係性が、自身の欲望の通りに行動することで発生する責任を周囲の後押しを得ながら回避するというAの主体のあり方に結びついている）を背景として、「対象への距離のなさ」「罪悪感のなさ」「心的葛藤のなさ」という特性が現れていた。「対象への距離のなさ」とは、前述したように、Aの対象との関係が、自身の万能感の中で依存的なあり方をなしているということであり、さらに言えば、何かを媒介することなく直接的な関係を持っていたということである。また、「罪悪感のなさ」とは、自身の「ひきこもり」の状態に関する自責の言葉が診察の中で全く語られなかったことと関係しており、それどころか自ら「重症のひきこもり」であることを望んでいる態度からも言える特性である。この特性は、Aの「心的葛藤のなさ」とも通底しており、これは神経症的な特性とは異なるように見える。こうした特性は、自身と「享楽」との関係性が主体のあり方にそのまま結びついているようなAの傾向に由来していると思われる。

**事例Bの場合**

Bのあり方の特異性としては、Aとは対照的に、「対象への距離」「罪悪感の強さ」「心的葛藤」が挙げられるだろう。「対象への距離」とは、例えばBがインターネットやゲームの依存を自ら抑制したりすることなどが示しているように、B自身が「快そのものの場」へと引き寄せられつつそこから引き離されてもいる特性のことである。「罪悪感の強さ」とは、ひきこもっていても、内的な責めから逃れられず、「迷惑をかけた」と思い続けていることなどに読み取ることができる特性である。「心的葛藤」とは、「〜してもよい（許可）」と「〜してはいけない（禁止）」という二つの心的構造が自身の中で対立している、いわば通常の神経症的な特性を指している。以上のようなBの諸々の特性の中心にあるのは、自身の欲望の通りに行動することで発生する責任から回避できないという特性であり、Aのように自身と「享楽」との関係性が主体のあり方にそのまま結びついているとは言えないのである。

Bは、結局は「ひきこもり」へと向かっていき時間が経つにつれてそこから抜け出すことがさらに困難になっているものの、Aとは対照的に「享楽」とせめぎ合っているという主体のあり方を示している。Bにおいては、「享楽」との間に「裂け目」がある限り、神経症的な主体化が生じているものと考えられる。

## 倒錯の構造なのか、神経症の構造なのか

AやBの「ひきこもり」について、どこまでが以前から存在する古典的病理でどこからが新しい時代の病理が関与しているのかを考えるには、AやBのそれぞれと「享楽」との関係性がどのようになっているのかを検討することが重要である。社会や文化の影響を論じる前に、「享楽」と自身との間の「裂け目」の関係性が、それぞれの主体としての病理にどのような影響を与えているかを論じておく必要があるからである。そこで、まずは、「享楽」と自身との間の「裂け目」に関連した具体的な病理について、つまり、「裂け目」の「否認」という観点と「倒錯」との関係性についての個人病理から出発したフロイトを概観しておこう。

フロイトは「性理論のための三篇」(Freud, 1905) において、「男の子は自分の知っているすべての人々には自分のものと同じ性器があると決めてかかっているのであり……。人間は誰もが同一の男性性器を有しているという想定は、幼児期の風変わりで結果に重大な影響を及ぼす性理論の中でも第一のものである。……幼い女の子は、かたちの違う男の子の性器を見ても、男の子と同じような拒絶 (Abweisung) を示すことはない」(pp.95-96, 以下フロイトの引用は邦訳の頁数を示す) と述べている。こ

こでは、まだ否認（Verleugnung）という言葉は登場しないが、その心的機制を推測することができる。さらに、「幼児期の性器的編成」（Freud, 1923）では、「ペニスが欠如しているという初めての印象に対して、彼らがどのように反応するかは知られている。彼らは、この欠如を否認（Verleugnung）し、それでもその部位を見たと信じ、それはまだ小さいが、これから成長するのだという方便によって、観察したものと先入見との間の矛盾を言い繕う」（p.296）と述べられており、ここで初めて否認という用語がフロイトに登場する。つまり、「否認」とは、それが最初にフロイトによって使用されたときには、現実の否認、つまり、女性におけるペニスの不在という男児の現実の否認のことを示していた。さらにフロイトは「解剖学的な性差の若干の心的帰結」（Freud, 1925）では、否認について、「あるいは私が否認と呼びたい過程が現れることもある。これは、子供の心の生活にとっては稀でもさほど危険でもないと見えるが、大人においては精神病を引き起こしかねないものである」（p.24）と述べて、精神病との関連づけを行っている。

「フェティシズム」（Freud, 1927）では、「女性はそれでもなおペニスを持っている」（p.313）というフェティシズムにおける「信念の保持」について触れ、「フェティシュを扱う際に見られる敵意と情愛は、それぞれ去勢の否認および承認に対応するのだが、両者が混交する程度は症例毎に異なり、敵意の方がはっきりと見て取れる事例もあれば、反対に情愛の方がはっきりと分かる事例もある」（p.317）という形で、フェティシズムと否認との関係について述べられている。「防衛過程における自我分裂」（Freud, 1938）では、否認は、自我を現実から切り離す機制として、フェティシズムや精神病を超え神経症一般にまで見られるものと考えられている。フロイトは、初期の頃より一貫して神経症の機制であるとしてきた抑圧から「否認」を区別してきたが、こうして最終的には神経症の機制に「否認」も認めることで、本来は（フェティシズムを含む）倒錯において見られる否認のあり方が神経症患者にも見いだされたのである。それは、つまり、外傷的になる現実を知覚することから自らを防衛するような、あらゆる主体に備わっているある種の正常な様式としての「否認」である。

Aには確かに、「裂け目」の「否認」を認めることができる。それは、自身と「享楽」との関係性に「裂け目」がないような主体のあり方、つまり、主体が自身と「享楽」との距離を「否認」することで、『快』と『死』とが交差する地点」に剥き出しに曝されているあり方のことである。それでは、Aをフェティシズムがそうであるのと同様に倒錯者そのものと考えることができるのだろうか。しかし、Aを取り巻く周囲がAを「緊張のない快の場」へと向かわせようとすることが、Aに否認の機制をもたらしていることを考える限り、A個人に内在する倒錯の病理のみでAの「ひきこもり」を説明することはできないのではないだろうか。

また、Bを神経症者そのものと考えることができるのだろうか。本来は「裂け目」の存在があって神経症的でありながら、結局は「ひきこもり」へと向かっていく。Bの状態を神経症的なあり方のみで説明することができるのだろうか。前述したような「〜してもよい（許可）」と「〜してはいけない（禁止）」という二つの心的構造が自身の中で対立しているという「二面性」は保たれているのだろうか。あるいは、神経症以外のファクターがBに関与しているのだろうか。

## 享楽関係内在型ひきこもり、享楽関係非内在型ひきこもり

以上のように「ひきこもり」の二つの典型例から、ひきこもりの状態にある個人の「享楽」との関係性が主体のあり方に内在している（「享楽」との間の「裂け目」が存在しない位置に主体が置かれる、つまり、主体が自身と「享楽」との距離を「否認」することで、『快』と『死』とが交差する地点」に剥き出しに曝されている。事例Aに相当）「享楽関係内在型ひきこもり」と、主体のあり方に内在していない（「享楽」との間の「裂け目」が存在する位置に主体が置かれる。事例Bに相当）「享楽関係非内在型ひきこもり」の二つのタイプを記述することができる。このように二つのタイプの「ひきこもり」を措定することで、「ひきこもり」に臨床的な多様性が見られる理由を説明することが可能になると思われる。それでは、以下に、「享楽関係内在型ひきこもり」「享楽関係非内在型ひきこもり」がどのような臨床像を結ぶのかについて、それぞれ事例A、事例Bを通して説明を試みよう。

「享楽関係内在型ひきこもり」は、別の側面からみると、個人のひきこもっている状態が、自らの「享楽」そのものであると言える。しかし、個人のレベルでは、精神病症状を示すことはなく、「ひきこもり」の状態のみしか示さない。それは、こうしたタイプの症例においては、社会と個人との関係性そのものの現代的な変質により、個人の中に「症状」を結ばないからである。そのような意味では、個人が「享楽」そのものである状態は例えばミレールの言う「普通精神病」（psychose ordinaire）であるとも言える（Miller, 2005）。普通精神病とは、主体が本来は不可能であるはずの完全な想像的同一化を成し遂げてしまった状態で、そこでは、主体性が消失している。ミレールは、普通精神病の一つと

して、薬物依存の例のように主体性がさまよっている場合があり、そこでは「享楽」に対して開かれている主体の構造が見られると述べている。

それでは、ルブランの「普通倒錯」(perversion ordinaire)(Lebrun, 2010)から「享楽関係内在型ひきこもり」を考えるとどうだろうか。精神分析的に考えるならば、通常の主体の場合は言語体系に幼児が入ったところでそこに欠如(「裂け目」)があることに直面する。より正確に言えば、その直面した「裂け目」こそが主体にとって社会的水準を成り立たせているものとなる。しかし、ルブランの表現を借りれば普通倒錯的なあり方をしている主体は、欠如(「裂け目」)を周囲と共同で否認する傾向にある。具体的にルブランがこのような普通倒錯の主体が現れる背景として強調しているのは、子どもの要求に応えないといけないと感じている親が増加しているということ、さらに教育制度が子どもの要求に応えようとしていることなどである。このことは西欧でも日本でも変わらない。例えば、現代は、周囲の大人や教育制度が変化して、以前に比べてインターネットを通して子どもは見たいものを見て知りたいことを知ることができるような、欲求が容易に満たされる時代である。要するに、子どもの欲求が周囲への要求を通して常に満たされてしまうことによって、子どもは、社会文化的なものと共に「裂け目」を否認し続けてしまうことがありうるのである。

個人が「裂け目」を否認した結果、つまり、主体が自身と「享楽」との距離を「否認」した結果、自身を現実から切り離そうとする個人のレベルにおいては、前述したようにフロイトの理論の中では倒錯の構造を結ぶはずであるのに、共同で否認することによって、社会的な水準においてその個人を

「普通の事態」に位置づけてしまう。それが、普通倒錯という概念が示している事態である。このような、ルブランのいう時代の産物とも言うべき「普通倒錯」という概念は、正確には、個人に対して診断を下される疾病単位ではなく、むしろ時代の新たな病理を説明する概念である。

つまり、「普通精神病」や「普通倒錯」という概念を用いると個々の事態をより明確に説明できる症例が増えているということである。その理由は、一方で社会との関係で主体性を失った構造的な意味での精神病を「普通精神病」と呼んだり、他方で社会との関係で共同で否認する構造的な意味での倒錯を「普通倒錯」と呼んだりすることは、どちらにおいても主体にとっての「裂け目」が個人の中に内在するものではなく社会的水準にあることを考慮しているために、社会との関係性の問題の個々の事態を描写できるからである。

これまでの議論を敷衍して論じるならば、「享楽関係内在型ひきこもり」と「享楽関係非内在型ひきこもり」の両者に対して、同じ社会的ファクターが関与していると思われる。つまり、同じ社会的ファクターが、本来は主体にとって「裂け目」があたかも存在しないかのような位置に置かれている個人を社会的文脈における「普通」へと推し進めることで「ひきこもり」であることを続けさせ、別の見方からすれば、精神病の構造を持っている個人に対して「ひきこもり」において「享楽」との一体化を保持させることで精神病症状の発現を阻止するよう機能したり（「享楽関係内在型ひきこもり」）、また、本来は「享楽」との間の「裂け目」が存在する位置に置かれる神経症的な主体に対しては「享楽」への接近を促し（完全な「到達」は不可能であると思われるが）、もともと「享楽」への接近を禁止するはずの父親的な機能の衰退が「超自我」の機能を減弱させることで「ひきこもり」の状態へと推し進めるよう機能する（「享楽関係非内在型ひきこもり」）のではないだろうか。要するに、「享楽関係非内在型ひきこもり」と「享楽関係内在型ひきこもり」の二つのタイプが、それぞれ、古典的な意味での神経症や、倒錯あるいは精神病にそのまま対応しているわけではない。現代においては社会が「享楽」を受容し支えることで、神経症や倒錯あるいは精神病の症状に変化が生じており、それらの変化によって「ひきこもり」へと導かれた青年の主体のあり方をそれぞれ「享楽関係非内在型ひきこもり」と「享楽関係内在型ひきこもり」と呼ぶと言うほうが正確だろう。

とりわけ、神経症の構造を持っている個人を「ひきこもり」へと推し進めるという論理の存在は、先述したような、中村らによる、神経症群において全体的に「ひきこもり」傾向にある症例が増加しているという事実もその裏付けとなるだろう。エレンベルグは、現代においては、主体を秩序づけるように機能する象徴的な意味での「法」の次元の変化によって、神経症的な葛藤よりも依存の関係が作られやすくなっていると述べている（Ehrenberg, 1998）。本章に即して考えれば、「享楽」に対する主体のあり方が変化して、その変化が、神経症の構造を持つある種の人間を「ひきこもり」へと推し進めやすくなっていると言えるだろう。

ところで、ルブランは、「普通倒錯」を生み出す背景には、「社会における『裂け目』の不在」があると考えた。この「裂け目」の不在が、人間個人の主体化を妨げるという考え方である。だが、筆者は、これに対して、社会が一様に「裂け目」のない形に変容してしまったと臨床の中で考えるのは性急すぎると、既に別の箇所（古橋忠晃、2012）で論じている。カステルも、たとえば「人間の死（主体性の終焉）」などのテーゼに見られるような人間学的転回は認めるとしても、それを本当に臨床理論全体にまで安易にあてはめることができるのだろうか、という問いを立てている（Castel, 2006）。精神医学がこのような「社会が一様に変化して患者全体も変化した」という紋切り型のイデオロギーを社会に対して与え、精神医学自体が社会変化と患者の関係を単純化することで、「裂け目」を消去する片棒を担ぐ役を担ってしまう可能性もあるからである。むしろ個々の事例における主体と「享楽」との関係に多様性を見いだすべきではないだろうか。

ラッケは、人間にとって、規則や法律が存在するのも社会的な水準で「享楽」を組織化する必要があるからであると述べている（Lauqué, 2003）。つまり、欲望されていることを巡ってしか、それを禁止する規則や法律は存在しない、ということである。精神分析においては、主体を構成している「裂け目」は多義的な形で述べられる（主体と無意識の「裂け目」、主体と大文字の他者の「裂け目」など）が、基本にあるのはまさにこの「享楽」と「欲望する主体」との「裂け目」である。ここから導かれるのは、個人が集まって社会を形成しているのではなく、この「裂け目」こそが社会的水準を成り立たせているという考えである。一方で、忘れてはならないのは、大文字の他者が主体に「享楽」を強いる側面をラカンが強調しているように、無意識の欲望の領域において主体が「享楽」の場に引きつけられてもいるという側面である。

また、筆者が指摘した、関係性を持たない段階で、関係性を持つことから退くというパラドックスを有する「ひきこもり」のある種の特異的なタイプは、このパラドックス自体を主体のうちに孕んでおり、それは主体の「享楽」との本来の関係性が持つパラドックスであると言うこともできるだろう。それは、「享楽」と「欲望する主体」との「裂け目」が消失し、「享楽」の場に主体が置かれると主体そのものが消滅するというパラドックスである。「ひきこもり」という主体にこのようなパラドックスが残存している限り、それは「享楽関係非内在型ひきこもり」であると言うこともできる。さらに、前述したような、上山が述べている（「社会」に出る前に）「公」を過剰に生きてしまった「ひきこもり」とは、通常の人間がその過剰な部分を主体の「享楽」との本来の関係性が持つパラドックスとして、つまり「裂け目」として、体験しているとするならば、既に論じてきたような社会と個人の関係性の変化により、初めからその「裂け目」を否認してひきこもっていれば「享楽関係内在型ひきこもり」のタイプを示し、個人が「享楽」へとより近づくことによりひきこもっていれば「享楽関係非内在型ひきこもり」のタイプを示すと考えられる。

現代は、主体の「享楽」との本来の関係性が持つパラドックスとしての「裂け目」のような超越性や外在性に対する関心から、社会的にも文化的にも遠ざかっていることも忘れてはならない。一方で、「享楽」に接近しやすい時代であるというのは、個人Aにとっても個人Bにとっても同じである。それはどのような時代であろうか。ボードリヤールは、現代とは、最高度に構造化されたシステムによって「呪われた部分（死、幻想、不在、否定性、悪など）」を締め出そうとする社会であると述べている（Baudrillard, 1999)。科学技術の過度な進歩や、グローバル化によって世界を透明性や合理性で覆い尽くそうとするネオリベラリズムの浸透も、同じ時代の地平で起きていることであると言える。筆者は、この「呪われた部分」こそ「裂け目」であり、そのような最高度に構造化された社会においては、「裂け目」を表面的に否認あるいは補填へと至らせる傾向が見られ、「享楽」に個人が接近しやすくなっていると考えている。ジジェクは「……われわれは自分の欲望について、まさに享楽を断念することによって妥協しているのではないか」「ブルジョワ的平等主義のイデオロギーが権力に就いた結果として、公の空間がその直接の家父長的性格を失うとき、公の〈法〉とその猥褻な超自我の裏面との間の関係も、根本的な変化をこうむる」と述べることで、享楽を断念させられている神経症的な主体も、自身の超自我と公の空間、つまり、法との関係が変化することで、神経症そのものの構造が変化しうることを指摘している（Žižek, 松浦ほか訳、1996）。

つまり、本来「享楽の実現」を断念させられている神経症的な構造を持っていたBは、「享楽」と「欲望する主体」との「裂け目」を補填してしまおうとする「社会」を生きる中で、「享楽」に接近しやすくなり、結果的にそのことがBを「ひきこもり」へと向かわせたと考えることができる。

以上の議論から、「享楽関係内在型ひきこもり」「享楽関係非内在型ひきこもり」の二つのタイプを想定することによって、多様な「ひきこもり」の様態を理解する仮説上、解釈上のモデルを示すことで、「ひきこもり」を総体として理解することができたと思われる。

次章では、以上のような「ひきこもり」についての一定の本質的理解を踏まえた上で、現代の「ひきこもり」は、なぜ、多くの場合、ゲームをしたり動画を見たりしていることが多いのかという問いに関連して、「画面」が「ひきこもり」にとって果たしている役割を解明する。

# 第3章　社会を見るひきこもり

## ――ひきこもりにとって「画面」とは何か

筆者の臨床経験上、「ひきこもり」の大半が、パソコンに張り付きながらゲームをしたり動画を見たりしているというのは、日本でもフランスでも同様である。それでは、「ひきこもり」は、パソコン依存あるいはゲーム依存と言い換えることができるのかと言えば、そうではない。なぜなら、第1章で論じてきたように、パソコンやゲームが青年の間に浸透するよりも以前から、日本では既に今の「ひきこもり」の状態に近い現象が報告されていたからである。それでは、「ひきこもり」とパソコンやゲームとは全く関係がないのかと言えば、そうでもない。むしろ、「ひきこもり」という社会から切り離される事態が、パソコンやゲームと結びつきやすいと言うほうが正確なのである。つまり、現代は、「ひきこもり」がよりパソコンやゲームに接近しやすい時代になっているということである。そこで、本章では、パソコンやゲームに共通している「画面」が「ひきこもり」にとって果たしている役割を明確にすることによって、なぜ、現代の「ひきこもり」は、大抵の場合ゲームや動画を見ていることが多いのか、という、一見平凡な問いのようではあるがなかなか答えるのが難しい問いについて、精神科医の立場から、できる限り考えてみたいと思う。

## 「ひきこもり」における「死」の問い

筆者は日本でこれまで三八〇人の「ひきこもり」の状態にある人（主に青年たち）に診療の枠内で会ってきた。しかし、彼らのうちで自殺に至った人はいない。これは、精神疾患を持つ精神科通院者のうちには一定数の自殺既遂者がいることを考えると、注目すべき事実であると言える。つまり、死ということと「ひきこもり」とは何らかの関係があり、何が「ひきこもり」を自殺から遠ざけているのかという問いを立てることが必要なのではないだろうか。

第II部で詳しく述べることになるが、フランスにおいて筆者が「ひきこもり」についての講演を行うと、必ずと言ってよいほどフロアから、ひきこもり青年の状態を肯定的に捉え、「ひきこもり」とは一つの生き方ではないかという意見が筆者に対して投げかけられる。実際に、「ひきこもり」の生き方を肯定的に捉えることによって、「死」から遠ざかることができていると言える。

「ひきこもり」における「死」に関する幾つかの問いについて考えてみたい。診察の中でひきこもり青年たちが実際に「死」について表明することがしばしばあり、「ひきこもり」当初に希死念慮を抱えることもある。しかし、自殺に至った例がないのは前述の通りである。

この事態から生まれる一つ目の「死」に関する問いは、「ひきこもり青年はいつか死のうと思っているのだろうか？」という問いである。二つ目の「死」に関する問いは、「ひきこもり青年にとっての『死』とは身体的死にのみ関わるものなのだろうか?」という問いである。

第一の問いについて考えてみよう。ひきこもり青年にとって、社会の中で生きるということは、「死」と等価になっている。筆者が治療していたあるひきこもり青年が言っていたことだが、彼にとって、大学に通うということは「死」を意味していた。日本の青年にとって、大学に通えるかどうかは非常に重要なことである。常に「死」と背中合わせに生きているひきこもり青年にとっては、「ひきこもり」の状態にい続けるのは、死なないため、つまり、生きるためと言ってもよい。

次に第二の問いについて考えてみよう。ひきこもり青年は、自身の身体を無視しているところがある。つまり、自身の身体的次元が遠ざけられているのである。実際に、ひきこもり青年は、ひきこもり始めた初期の頃に、身体症状(頭痛や腹痛など)を訴えることがあるが、完全にひきこもってしまい、彼らの身体的次元が意識から遠ざけられることになれば、それらの症状も消失することが多い。最終的には、社会から忘れられることを望み、社会的死へと至ろうとするのである。

ラカン(Lacan, J.)によるギリシャ悲劇アンチゴネーの解釈によれば、身体的死と社会的死は区別される。ラカンは国王クレオンに背いて兄ポリュネイケスを埋葬しようとしたアンチゴネーに関して以下のように述べている。「この嘆きが始まるのはいつでしょう。それは、彼女[アンチゴネー]が生と死の間の地帯への入り口を越えたときからです。つまり、彼女が、かつて自分がそうだと言ったことが、外的に実現されるときです。実際、ずっと前に彼女は、自分はすでに死んだ人々の国にいると言ったのですが、ここでそれが事実へと高められます。彼女にとっての責め苦とは、生と死の間の地帯へと閉じ込められ、宙吊りにされることです。まだ死んでいないのに、彼女はすでに生者の世界からは抹殺されます。そして、まさにここから、彼女の嘆き、つまり生の哀歌は始まります」（Lacan, 小出ほか訳、2002）。この悲劇において、ポリュネイケスは身体的に死んでいるが、社会的には死んではいない。反対に、アンチゴネーは社会的に死んでいるが身体的には死んではいないのである。

社会的死は、死にゆく人やあるいは死者を社会的枠組みや社会的儀式の外へと排除することを意味する。さらには、ある生きている人間が、共同体の中でもはや認められなくなったときや、社会的ではない行動を行ったとき、「社会的死」を迎えてしまうのである。敵国の捕虜になった兵士たちの集団が、味方の集団からは死んだと考えられるようになってしまうことも同じである。この敗北し追放された兵士たちは自分たちの仲間のもとに再び戻ろうとすることが非常に難しいことを、彼ら自身もよくわかっているのである。彼らは無関心さを漂わせたまま野営地の周りをウロウロし、最終的には、飢えて死んでしまう。ホームレスも、現実社会のなかでは「社会的死」の状態であるとも言える。彼らが生きて人間の立場をとることができるのは、彼らを安定した形で受け入れる貧困者収容施設や無料公営給食所などの中に彼らがいるときのみである。

身体的死と社会的死の区別によって、ひきこもり青年が何を求めているのかがよく理解できるようになると思われる。しかし、それは矛盾を内包した理解である。つまり、彼らは身体的あるいは生物学的死は望まないが、社会的死は望んでいるという理解である。

## ひきこもり青年における象徴的世界の回避

ひきこもり青年は、社会的死を望むことによって、自身の社会的同一性の核となるような象徴的世界や様々な世代に位置づけられることを避けようとする。それは系譜の歴史、つまりある世代から別の世代へと価値や質のようなものが伝達されていくことを避けようとすることでもあると言える。

日本の「ひきこもり」は一九八〇年代後半に出現した。当時は、序章で言う「同一性への抵抗」としての「ひきこもり」が多かったと言える。当時は二〇代であったとすると、彼らの親の大多数は第二次世界大戦後の生まれである。祖父の戦争の体験は、どのようにして、ひきこもる孫へと伝達されているのであろうか？　あるひきこもり青年は、「祖父が亡くなった。お葬式に参列した。祖父は、戦争を体験していて、すばらしい祖父だった。私の父は、戦争を体験していなくて尊敬できない。お葬式の時も、父はオドオドしていて、何となく情けない感じだった」と述べている。この青年にとって、父との同一化には葛藤があったと言える。同一化の対象はむしろ祖父になっていて、だがしかし、そこで安定していたわけでなく、防衛機制を働かせ、そこに大きなエネルギーを割いていたと言える。

第2章の「享楽関係非内在型／内在型ひきこもり」の分類で言えば、この青年は前者の「享楽関係非内在型ひきこもり」に相当すると考えられる。また、「ひきこもり」に神経症型ひきこもり、境界型ひきこもり、精神病型ひきこもりのような三種類のひきこもりがあるとしたら、神経症型ひきこもりであると言える。この青年は父に同一化して、父を通して祖父の威厳を感じているが、同時に、父を避けてもいる。つまり、この青年は父との異なった二つの関係を通して生きているのである。要するに、象徴的世界に留まろうとすると同時に、この象徴的世界を避けようともする。神経症型ひきこもりは、内的葛藤を引き起こすような傾向を持つ状態なのである。彼は、父に象徴的に規定される(同一化する)ことを避けようとしている。連鎖の形での同一化は、心理的で社会的な系譜の体系であるが、それこそ、「ひきこもり」が恐れをいだき、世の中から退却しようとする欲望の中で表現しようとしているものなのではないだろうか。

## 社会的死と他人の眼差し

社会参加を常に回避していたこの青年は以下のように述べていた。「僕は自分でも何を避けようとしているのかわからない。両親は、僕が就職活動を躊躇していると思っていると思う。でも、僕は躊躇しているのではない。両親が僕に働いて欲しいと思っているという事実が僕を苦しませている。一番の理想はこうした期待が出てこないことで、僕が完全に社会によって忘れられることだ。僕が死ねばその理想は実現されるけど、死ぬのは怖いし、自殺もしたくない。だから、社会的に死ぬのが一番いいんだと思う」。

この青年にとって、「社会が期待していることに従って行動すること」は、「社会的死を欲望すること」の対極にある。言い換えれば、彼は「世の中」から消滅したいのであり、「物故者」になりたいと思っているのである。もちろん、身体的死が訪れれば、遅かれ早かれ、社会的死が続いてやってくる。しかし、自殺のように死を急ぎすぎてしまうと、必ずしも、社会的死を実現できるとは限らないし、さらには、自殺によって身体的死を実現した場合には、自身の社会的死を確認することもできなくなってしまう。それゆえに、青年は死を恐れ、自殺企図もみられなかったのである。

青年は自身の身体について語ることがなかった。それはあたかも身体の感覚も持っていないかのようであった。彼にとって、「世の中」から消滅する最上の方法は、身体的に消えてしまうことなく、社会的死を実現することである。

ゲームに没頭している日本の「ひきこもり」は、自分がゲームをしているだけではなく、他のプレイヤーがゲームをしているのをしばしば観察している。彼らが毎日画面上で観察しているのは他のプレイヤーである。この青年も同様であり、彼もオンラインで、毎日他のプレイヤーがゲームをしているのを観察していた。当初は、彼がゲームで負けることを恐れてゲームを観察し続けているように思われた。だが、筆者の印象では、他のインターネットの過剰使用者と同じように、他人の眼差しに耐えることができないためであるように思われた。例えば、青年の「ひきこもり」は、ネットサーフィンや（ニュースやゲームなどのテーマに特化して作られた）インターネットの掲示板を読むことには慣れ親しんでいるが、その掲示板に書き込みを残しておくことは他人に読まれることを恐れてできないことがしばしばある。多くのゲームに没頭している日本の「ひきこもり」がゲームの配信をできないのは、ゲームの配信をすると、自身の身体の次元を生じさせてしまうような他人の視線を喚起してしまうからである。ゲームの領域においてこのように受動的な「ひきこもり」の態度は、彼らの身体が彼らの意識の中にないために自身の身体を他人によって眼差されることを恐れているという事実の原因になっているように思われる。そのために、「ひきこもり」の一部には、アバターでオンライン上でプレイすることすらもできない人がいるのである。

他人の存在について、サルトルは『存在と無』のなかで以下のように書いている。「われわれが知りえたところでは、他者の存在は、私の対象性という事実のうちに、またこの事実によって、明証的に体験される。また、われわれの見たように、他者にとっての私自身の他有化に対する私の反応は、他者を対象としてとらえることによってあらわされる。要するに、他者は、次の二つの形のもとで、私にとって存在しうる。もし私が明証的に他者を体験するならば、私は彼を認識することができない。もし私が他者を認識するならば、もし、私が彼のうえに働きかけるならば、私は彼の『対象―存在』にしか、世界のただなかにおける彼の蓋然的な存在にしか、到達しない。これら二つの形を綜合することは、何としても不可能である。けれども、われわれはここで足踏みをしているわけにはいかないであろう。他者が私にとってそれであるところのこの対象と、私が他者にとってそれであるところのこの対象とは、いずれも、身体としてあらわれる。しからば、私の身体とは何であるか？　他者の身体は何であるか？」(Sartre,1943, pp.363-364)（強調はサルトルによる）。つまり「私」の中に身体的次元を生じさせる他人の存在は、「私」の客観化を引き起こすのである。サルトルの言う「鍵穴からのぞき見する窃視症者」のように、窃視症者である限りの主体である「私」が、他人の眼差しにさらされると、そのことで、この「私」が他人の眼差しの対象へと変形し、私の中に、「恥」や他人に直面した形での身体的次元が生じることになる。この「恥」と「ひきこもり」の状態の間にはある種の関係があり、その関係についてセルジュ・ティスロンは以下のように書いている。「最後に、日本における恥の重要性を忘れてはならない。身体に不自由をもたらす病気でもないのに若者が学校を休んでいるということは、家族にとって大きな恥であり、家族は世間の目からその事実を隠そうとすることがしばしば起こる。そうした場合、一時的にひきこもったつもりの若者が、もはや外出不能と宣告されていると感じることになる。再び社会に参入することをたとえ彼が望んだとしても、一旦参加に失敗した人に対して挽回不能な仕方で烙印を押す日本文化によって、その試みはしばしば大きく妨げられるのである」(Tisseron, 2014)。

現実世界では、他人の眼差しが身体を生じさせる。しかし、インターネット上では、ネット上にいるからといって、他人の眼差しの対象になるわけではない。眼差しの方向性は一方向性なのである。だが、インターネット上で何かを配信することで他人の眼差しの対象になることは、「ひきこもり」にとって受け入れ難いことなのである。それは、彼らが、たとえヴァーチャルな世界であっても画面の向こう側に存在する他人の眼差しの対象になることによって身体の次元が生じると感じることを望まないからである。彼らはむしろ視線の一方向性を保持することによって「生きた物故者」であろうとしているのである。

## フロイトによる「死の欲動」と「ひきこもり」

「ひきこもり」へと導くある種の力と「ひきこもり」の状態との関係を分析するために、フロイトの「死の欲動」と「ひきこもり」との関係を考えてみよう。フロイトは「欲動と欲動運命」（Freud, 1915）において性欲動と自我欲動の間の対立を強調し、「快原理の彼岸」（Freud, 1940）において死の欲動と生の欲動の間の対立を強調している。フロイトは「欲動と欲動運命」において次のように書いている。「そのような原欲動を二つのグループに分けることをわたしは提案した。自我欲動もしくは自己保存欲動のグループと性欲動のグループである」（強調はフロイトによる）。また、フロイトは「快原理の彼岸」において次のように書いている。「死はむしろ、合目的性の仕掛けなのであり、外的条件に対する生命の適応現象なのである。なぜなら、体細胞がソーマと胚形質とに分離されて以来、個体が無際限な寿命をもつなどということは、まったく非合目的な奢侈となってしまうからである」（邦訳 p.101）。ここでの「死」は活性を失った状態で、身体的死に対応している。

現実の中では、快原理の彼岸にある反復する現象が認められる。フロイトは、「快原理の彼岸」でさらに以下のように書いている。「より以前の状態を再興しようとするのが本当に欲動のごく一般的な性格だとするなら、心の生活のうちでたいそう多くの出来事が快原理から独立した形で遂行されていることは驚くに当たらないだろう。この性格はあらゆる部分欲動に伝わるであろうし、また、部分欲動が発達経路の一定の段階に舞い戻ったりするのもこの性格のゆえであろう。こうしたことはすべて快原理がいまだ覇権を獲得していない事柄である。だから、そのすべてが快原理に対立する必要はない。欲動の反復の出来事と快原理の支配との関係を規定するという課題は未解決のままである」（邦訳 p.122）。フロイトは、ここで、快原理と、欲動の反復する過程、さらには、死の欲動との関係についての問いを立てているのである。欲動の反復とは、第2章で論じた「快そのものの場」つまり死においてなされる反復であり、「ひきこもり」において、その「快そのものの場」と主体の間に裂け目がある場合とない場合でそれぞれの「ひきこもり」のあり方が異なることは、第2章で論じた通りである。

例えば、ゲームの世界には、しばしば反復する行為が多く存在する。日本の「ひきこもり」でゲームに没入している人が、一旦ゲームのゴールに到達したあとに、より困難な条件を加えて再びゴールを目指そうとする「しばりプレイ」や、普通にゴールに到達する目的から外れ、ある分野を徹底的に極める「やりこみ要素」という形式でゲームをしばしば行っている。彼らは必ずしも快を感じているとは限らない行為を繰り返しているが、それは、快原理の彼岸にある死の欲動によって行為していると言うことができるのである。フランスでも、大規模多人数同時参加型オンラインＲＰＧ（MMORPG）でプレイしている「ひきこもり」の状態にある青年が存在するが、そのゲームの中でもプレイヤーの死だけではなくゲーム上の仲間たちの死までもが反復されている（Costes, 2013）。こうした行為は、死の欲動による反復を示していると言えるだろう。

ラカンに従えば、死の欲動は不可能なものである現実的なものに属しており、つねにすでに失われ、享楽として禁止されている対象において具現化されている。ゲームの画面はプレイヤーにとって想像的なものであるが、現実的なものがゲームの中の死の水準において存在している。時に、プレイヤーが自分自身と失われた対象との距離が見えなくなってしまい、失われた対象そのものになってしまうことがある。それが、「物故者」の本質である。欲望なしでは、主体であることはできないし、社会参加もできない。要するに、ひきこもり青年は「生きた物故者」になっているのである。

## 「生きた物故者」としての「ひきこもり」

「生きた物故者」として、ひきこもり青年たちは、社会について何を欲望しているのだろうか？あるいは欲望を失っているのであろうか？

ここで二つの問いが残っている。

(1)ひきこもり青年たちは欲望を失っているように見えるが、彼らが社会的死は欲望しているとしたら、この二つの言明の間に矛盾はないのだろうか？

(2)「生きた物故者」はもはや社会に対して眼差しを向けていないのであろうか？

第一の問いに答えるために、青年のケースを再びとりあげよう。青年においては、社会的死を欲望することは、「物故者」になろうとする欲望と一致していた。青年は他人のいない世界を求めていた。言い換えれば、この青年が社会的死を欲望するということは、死の欲動の表現と結びついており、他人とつながって触媒の役割を果たすような欲望とは結びついてはいないということである。ラカンは、欲望と欲動の差異について以下のように強調している。「欲望は――幸い我われはこのことを知りすぎるほどよく知っていますが——別のこと、生体とはまったく別のことに関わっています。もっとも、欲望はさまざまな水準で生体を巻き込んでいますが。しかし欲動の中心的機能はどのような満足を生み出すべく定められているのでしょう」(Lacan, 1973, p.157)。

ひきこもり青年が「物故者」になることを実現したとき、彼らの欲動は満足はするものの、彼らの欲望は他者のない世界で消失してしまう。もちろん、それでも、生理学的な欲求(食欲や口渇など)は残存しているが、彼らは生きるために最小限必要なものしか求めることはなく、他者の欲望の対象になることを望まないのである。彼らは二つの欲動によって「物故者」になる。一つ目は、生の欲動であり、最終的に「物故者」になることを望みつつ、日常生活を送ろうとする欲動であり、快原理に位置づけられる欲動である。もう一つは、死の欲動であり、彼らの生や「物故者」になろうという欲望において反復を生み出そうとする欲動である。前述のように、フロイトは生の欲動と死の欲動の対立という考えを推し進めた。

第二の問いに応えることにしよう。青年は社会によって忘却されることを望んでいたが、一方で青年はそのような社会を忘却することはできなかった。青年は社会で起きている出来事に関心があり、ゲームの合間に、インターネットで国際ニュースを閲覧していたが、そのような行為を他人に知られることを避けようとしていた。日本では、ひきこもり青年は、インターネットでニュースを読んだ後などにコメントを残さないようにすることが多いが、彼らは他人の残したコメントは好んで読むのである。それは、あたかも、身体的次元を付与されてしまう他人の眼差しを避けているかのようである。

「ひきこもり」という状態は、社会を忘れることができず、一方向的に社会を見ていることと関連していることと関連しているのである。それはフランスの一部の「ひきこもり」にも言えることである。

青年はさらに以下のように述べている。「僕はゲームをしていないときは、新聞を読んでいる。最近ではパリやベルギー、ニースなどのテロのニュースやイギリスの欧州連合離脱のニュースを読んだ。外国は危ないことばかりで、日本にいれば安全だ。日本が他の国と関わってもよいことはない。日本に移民を受け入れるのもやめたほうがいいと思う」。ひきこもり青年のなかには肥大化したナルシシズムによってナショナリストになる場合がある。というのも、彼らが社会的で心理的な同一性を失ってしまうと、残された同一性は日本人であることしかなくなってしまうからである。

この青年には、「日本が国際社会からひきこもってしまえばよいという考え方」と「一方向的に外部を見ようとする視点」との二つの特性が隠されていた。一般的に、「ひきこもり」は、内側から外側の世界のことを考えるが、それは、外界から侵入してくる力に抵抗しようとする精神病患者の閉居とは対照的である。「ひきこもり」は、外部への眼差しを失うことはないからである。

ここで上述した二つの問いに対する幾つかの答えが得られるだろう。ひきこもり青年は他者のいない世界で死者になろうと望んでいるという事実と、それでも社会のほうを眼差している視点は残されているという事実は、どのように関連しているのだろうか？

関連しているだけではない、その関連性こそ、この非対称で一方向性の性質によって特徴づけられている「ひきこもり」の本質を構成しているものと思われる。つまり、彼らは社会によって忘れられたいと望んでいるが、彼らは忘れられたい社会を忘れてはいないということである。インターネットやゲームに興じているとき、彼らは生きた社会的死者になっているのであり、ヴァーチャルな世界でアバターとして生きているのである。

「ひきこもり」が仕事をしようとしないのは、社会の中に登録され、報酬を受け取ることで、社会によって忘れられようとする状況とは全く異なる状況の中に自らを位置づけようとする責任が生み出されてしまうからである。ボランティア活動になら参加できる（たとえ「物故者」であっても、社会に登録されずに仕事ができる）「ひきこもり」が存在するという事実は、そのことを示していると言えるだろう。

それゆえに、東日本大震災のあと、「ひきこもり」が当初はより重症化すると思われていたが、「ひきこもり」の中に積極的に瓦礫を集めるボランティア活動を行っていた人がいたこともよくわかる。このことは、「ひきこもり」は、社会に登録さえされなければ、社会的なグループと関わりを持ち、さらには積極的に参加することを示している。「ひきこもり」は、日常的な圧力に対しては弱いが、非日常的な圧力に対しては生き生きしてくる面がある。「生きた物故者」としてなら、震災後の非日常的な世界を生きることは彼らにとってそれほど難しくないのである。

「ひきこもり」の状態というのは、仕事に対する無気力ではなく、社会に登録されるという事実によって生み出される責任のために自由を失ってしまうことに対する拒絶なのである。この拒絶は時が経てばおさまってくるが、社会への眼差しの一方向性は持続したままである。それは、現代社会が、インターネットのような視線の一方向性を強化するような道具なしにはいられない時代になっているだけに、ますますそうなのである。

## 「『ひきこもり』にとって『画面』とは何か」という問いへ

以上のように考えてみると、ひきこもり青年たちは、社会を一方向的に眼差すとはいっても、直接眼差すわけではなく、パソコンなどの「画面」を通して眼差していることから、ひきこもり青年にとって「画面」とは何かという問いが必然的に立ち上がるだろう。

さらに、パソコンの「画面」は、そもそも絵画のようにキャンバスの上に油絵具やアクリル絵具を用いて描かれたものと同じなのであろうか？　パソコンの「画面」を見て心の中に生み出されるものは、絵画を見て心の中に生み出されるものと同じなのだろうか？

ラカンは『精神分析の四基本概念』(Lacan, 1973) において、遠近法を利用して歪めて描かれた画像がある一つの点から見たときのみ一つの像が浮かびあがる技巧であるアナモルフォーズについて、以下のように述べている。

この装置は十五世紀末から十六、十七世紀にかけて絵画技法を支配しました。アナモルフォーズは、絵画はただ空間における事物を写実的に再生するだけのものではない、ということを我われに示しています。

(邦訳上巻 p.200)

ひきこもり青年にとって、「画面」は絵画と同様に、画面の向こう側の事物を写実的に再生するものではないことは確かだろう。実際に、ラカンは、もう少し先の箇所で以下のように述べている。

我われにとって、実測的次元が垣間見させてくれることは、我われが関わっている主体がいかに視覚の領野の中に捕らえられ、操作され、魅惑されているか、ということです。（邦訳上巻 p.201）

インターネットやゲームに没頭しているひきこもり青年が「生きた社会的死者」になっているとき、その主体が既に視覚の領野の中に捕らえられているのは、絵画をみている主体と変わりはないように見える。しかし、社会を一方向的に眼差しているそのあり方は能動的な所作であるように見えたとしても、実際には、その主体が画面の手前に出てくるものではなく、画面の向こう側に出てくる以上、画面の手前における社会的死者の身体が生理学的に生きているという限りにおける意味での能動性であると思われる。そういう意味では、パソコンの画面に依存している主体はそもそも主体ですらなく、「見ている」といっても生理学的な所作でしかなく、「主体」はむしろ画面の向こう側のアバターの側にあると言えるのではないだろうか。例えば、指先の操作一つで画面の向こう側にあるアバターを意志のままに動かしたり、あるいは好きな動画をひたすら追い続けたりすることができるというのは、画面の手前で主体が行っているのではなく、画面の向こう側にあるアバターの側の「主体」によって行われていると思われる。

以上のように考えるなら、ひきこもり青年たちが、パソコンの「画面」を通して社会を一方向的に眼差すとはいっても、その眼差す行為は能動的な行為と言えるものではなく、さらにその「画面」は行為の能動性と受動性を鏡像のように反転させる機能を持っていると思われるのである。

こうして「ひきこもり」の病理を本質的に理解することを通して、一般的になぜ、ひきこもり青年たちが、現象面として、ゲームをしたり動画を見たりしていることが多いのかという問いに迫ることを試みた。次章では、こうした彼らの行動が「ひきこもり」の病理に基づいているとして、だからと言って、彼らはしばしばそういう言われることがあるように本当に「病気」と言えるのだろうか、という問いを論じることを試みよう。

# 第4章　ひきこもりは病気なのか

「ひきこもり」について様々な領域で言及されるようになった現在において、『ひきこもり』は病気ではなく状態である」とはしばしば言われることであるが、はたしてこうした言説は、どのような意味を持っているのだろうか？　「ひきこもり」は「病気ではなく健康である」という意味なのだろうか？　また、「ひきこもり」が状態であるならば、はたして「症状」であると言えるのだろうか？　その場合、その「症状」の背後に何らかの病気あるいは疾患が想定されているのだろうか？　そもそも、このように、医学的な図式にあてはめて「ひきこもり」を論じることにどのような意味があるのだろうか？　本章では、これらの問いを中心に論じてみたい。

## 『ひきこもり』は病気ではない」と言うときの「病気」とは何であるのか

人類学者であると同時に医学者でもあるヤング（Young, A.）は、図1のように人間が経験する病気経験の総体を「病気（sickness：S）」と名づけ、そこに、病い（illness：I）と疾患（disease：D）の二つ

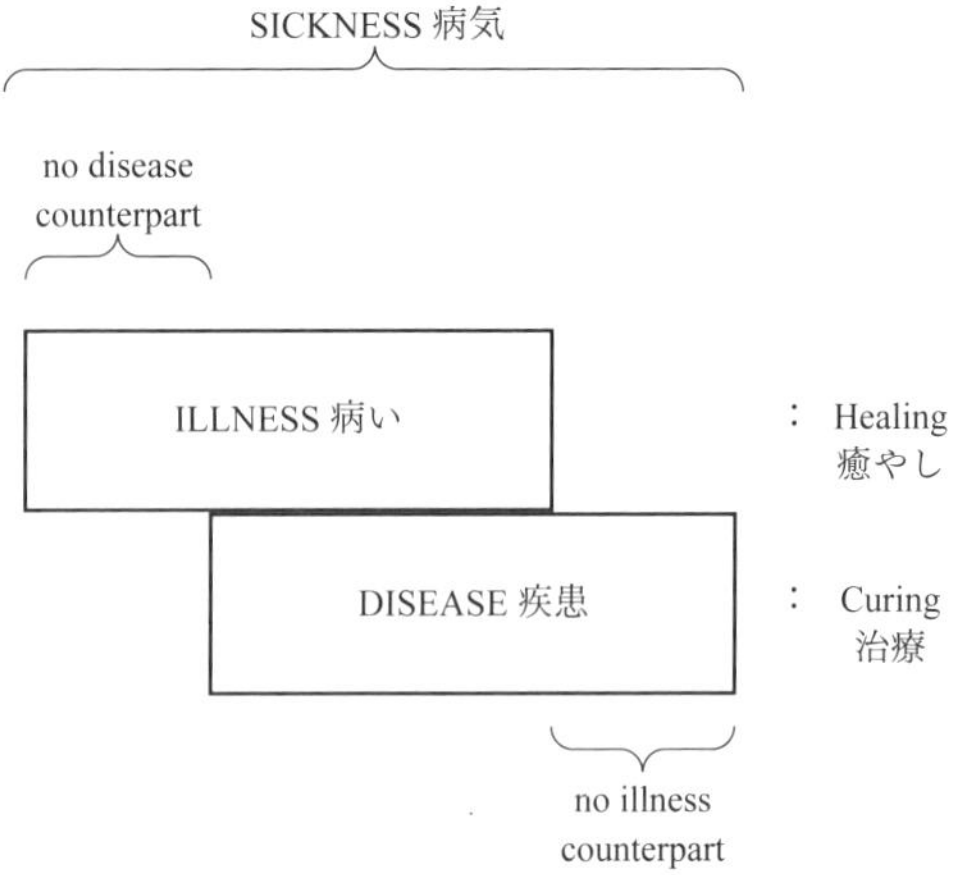


**図 1**　ヤングによる「病気（sickness）」全体の図（Young, 1982）

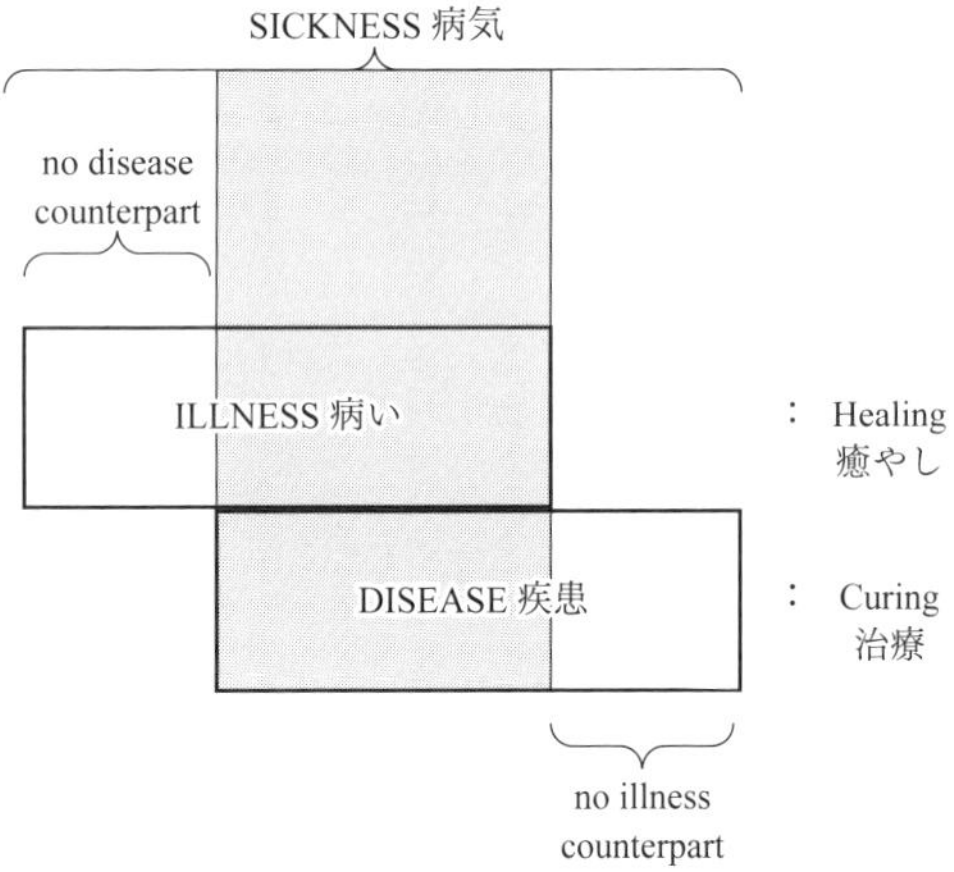


**図 2**　ヤングによる疾患（D），病い（I），病気（S）が重なる場合（Young, 1982）

の領域があると仮定した。ヤングの図式では、「病い」と「疾患」はカバーする領域に重複があるが、相互に共有しない部分も存在することを指摘し、この共有しない部分について、「病い」ではあるが「対応する『疾患』の領域がない部分」と、「疾患」ではあるが「対応する『病い』の領域がない部分」の二つの領域を指摘している。医療人類学者の池田は、このヤングの図式に対する解釈において、

「病い（illness）」に対応している癒やし（healing）を「苦しんでいる本人やその家族あるいは、それらをとりまく社会が定義する」ものと説明し、「疾患（disease）」に対応している治療（curing）を「近代医療によって了解可能なもの、あるいは説明できる」ものと説明している（池田光穂、2000）。

疾患（D）、病い（I）、病気（S）が重なる場合（図2）は、治療的アプローチ、家族的アプロー

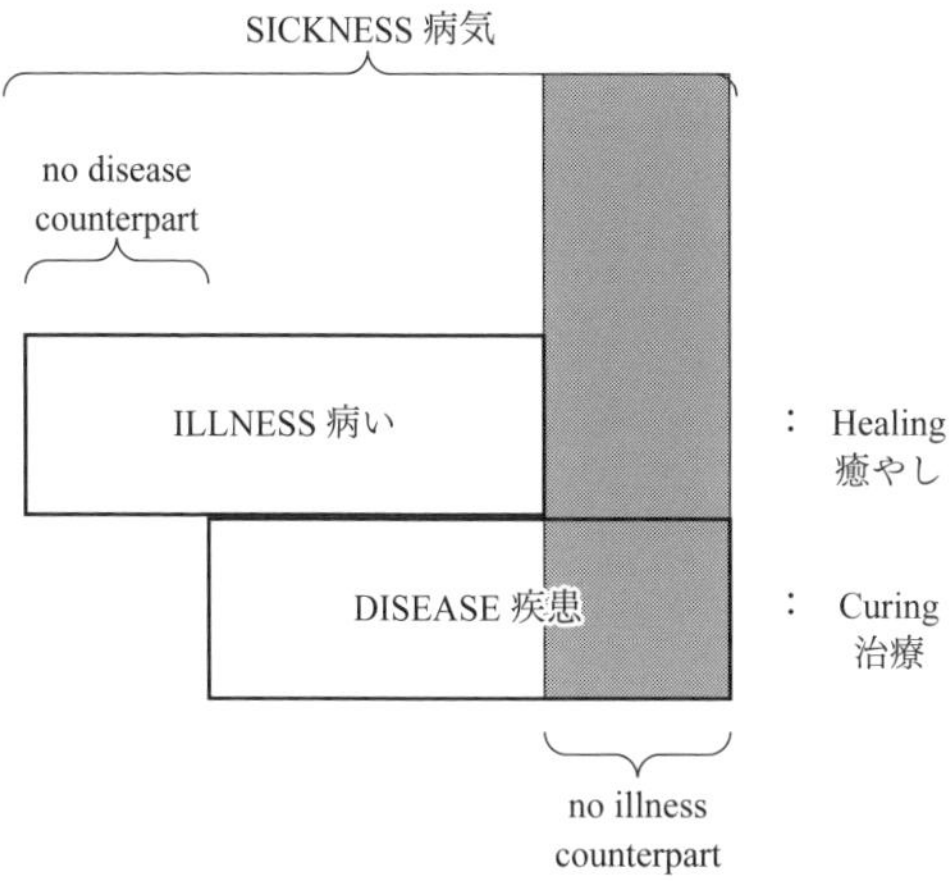


**図3**　ヤングによる病い（I）がなく病気（S）で疾患（D）である場合（Young, 1982）

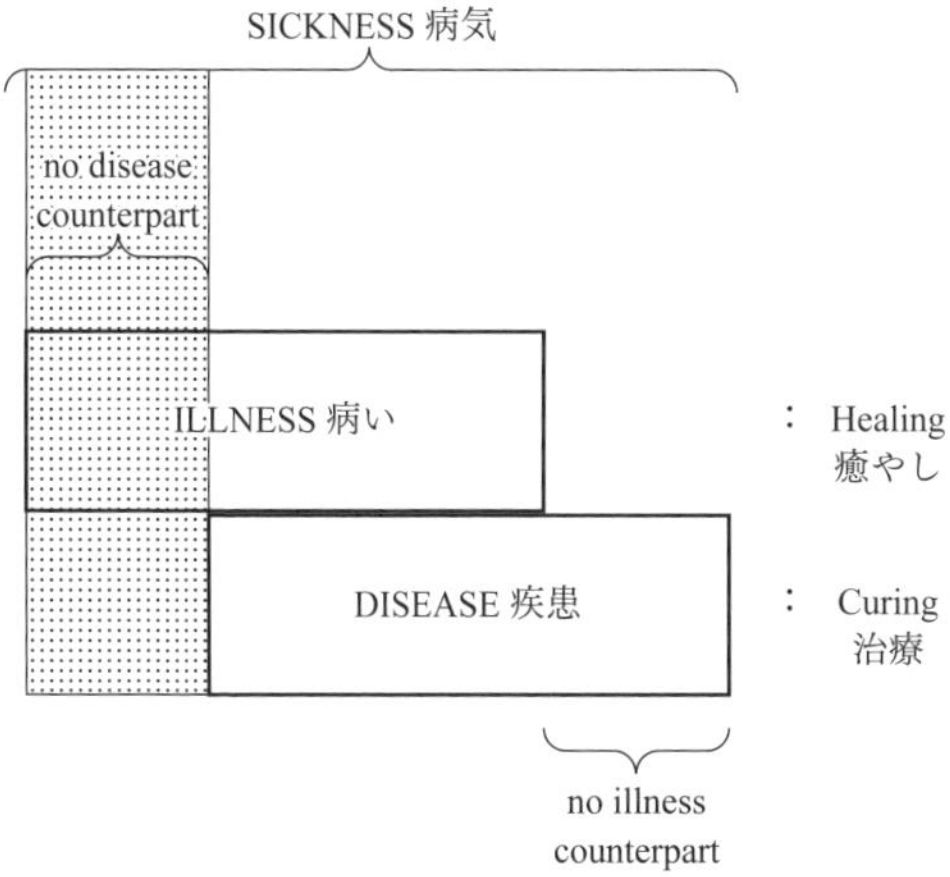


**図4**　ヤングによる疾患（D）がなく病い（I）で病気（S）の場合（Young, 1982）

チ、本人の所属する大学や職場によるアプローチが明確になる状態である。例えば、何らかの身体的な難病をもつ学生は、両親の要請によって、大学での支援を受けるために教員に動いてもらい、家族や場合によっては他の学生の援助を得ることができるようになる。発達障害は、「疾患」として医学的基盤のエビデンスを得つつある近年では、この領域になりつつあると言えるだろう。

病い（I）がなく病気（S）で疾患（D）である場合（図3）は、専門家によって評価された「健康を必要としている」状態で、しかも、本人や家族によって見逃されている状態である。精神医療の場合は、例えば「うつ病の早期発見」という考えが、この領域の問題に近い。自覚的な苦痛はないものの、そこに医学的基盤があるとされる、つまり背後に「疾患」が存在するとされる領域である。

そして、疾患（D）がなく病い（I）で病気（S）の場合（図4）は、専門家ではなく患者や家族によって「健康が必要とされている」状態である。例えば、調子の悪さを示し腕が痛くて動かないと訴えながら、臨床的に検査をしても何も出てこないような（医療の対象となった）患者については、治療を担当している専門家は彼らを「身体化」と把握する。精神医学においては、この領域を扱うことは日常的である。

## 「ひきこもり」は症状なのか、（精神）疾患なのか

序章で触れたように、日本における厚生労働省による「ひきこもり」の定義は以下の通りである。

「様々な要因の結果として社会的参加（義務教育を含む就学、非常勤職を含む就労、家庭外での交遊な

ど）を回避し、原則的には六ヵ月以上にわたって概ね家庭にとどまり続けている状態を指す現象概念である。なお、ひきこもりは非精神病性の現象とするが、実際には確定診断がなされる前の統合失調症が含まれている可能性は低くないことに留意すべきである」。

この定義からもわかるように、しばしば「ひきこもり」は「状態」であると言われる。それでは「ひきこもり」は症状なのだろうか、あるいは疾患なのだろうか、という問いはもはや成立しないのであろうか？　ここでの「症状」と「疾患」の関係は、例えば「腹痛」という症状に対して、虫垂炎や胃潰瘍など複数の「疾患」が原因として考えられるというような関係をなしている。「ひきこもり」が症状であるとするならば、異なる症状（例えば、「無気力」や「無為」など）としての「ひきこもり」のあり方の微妙な差異を比較して、その症状の原因疾患をどこまで診断できるのだろうか？あるいは、そうした差異を比較すること自体が難しいなら、一つの症状から複数の疾患の可能性を探っていくことになるのだろうか？　また、「ひきこもり」が精神疾患であるとするならば、「ひきこもり」という精神疾患ではない他の疾患（例えば、統合失調症）と、「ひきこもり」という精神疾患がもとにある二つの「症状」との間に、類似したものが存在するのだろうか？　それが、「無気力」や「無為」という「症状」なのだろうか？

「『ひきこもり』は『状態』である」いう定義をふまえて考える限り、「ひきこもり」は厳密には「症状」でも「疾患」でもないと思われる。「疾患」ではなくても、本人や周囲など誰か一人がそのことで困っている人物の存在があるわけであるから、その「ひきこもり」状態が何らかの疾患に基づくものではない限り、上述した疾患（D）がなく病い（I）で病気（S）の場合の領域（図4）に位置づけられるべきなのだろう。基盤となる「疾患」を探索しても「ひきこもり」に特異的なものは何も出てこないので、むしろ重要なのは、どのような（個人的あるいは社会的）文脈で「ひきこもり」が「病い」として成り立っているのかということなのではないだろうか。

実際に、最近では、「ひきこもり」に関しては「症状」と「疾患」が相互に重なり合っているため、第一軸として背景にある精神疾患の評価を、第二軸として自閉症スペクトラム障害の評価を、第三軸としてパーソナリティの評価をそれぞれ多軸的に行う傾向にある（第1章参照）。一方で、現実的には「ひきこもり」は医学的言説の内部では、「症状」として語られたり、「疾患」として語られたりする場合がある。重要なのは、どのような臨床場面で、それぞれどちらのニュアンスで語られるのか、つまり、「ひきこもり」に対していかなる医療的眼差しを向けられているか、ということではないだろうか。それでは、「ひきこもり」が医学的言説の内部で「症状」として語られる場合から議論を始めてみたい。

## 「ひきこもり」が「症状」の側で語られる場合

「ひきこもり」という概念は一九八〇年代以降のものであるが、それ以前の、「症状」としての「ひきこもり」に類似した概念として、「自閉」「閉居」という概念が存在していた。「自閉」は統合失調症の症状として記述されてきたが、「閉居」も同様に症状として記述されていた。一九五三年にガイラルらは「閉居（claustartion）」という題の論文を書いている（Gayral, et al., 1953）。この論文では、自宅への訪問が必要となった、様々な「疾患」にまたがるケースが紹介されている。そこで診断的に最も考えられているのは統合失調症であり、その「疾患」のために、患者の生活領域は縮小し、ついには、非常に限定された空間に限られる事態となると述べられている。さらに、ガイラルは、このような状態は、周囲の無関心や寛容性やさらには共謀によって助長されるが、逆にこの孤立を打ち破ろうとすると、敵意や、暴力、さらには危険な行動が引き起こされると述べている。ガイラルはこれを「個人と社会の間の葛藤」と呼んでいる。最近になって、ゲジ＝ブルディオー（Guedj-Bourdiau, M.-J.）が、パリ・サンタンヌ病院のＣＦＳＰ（患者抜きでの家族の相談所）部門で集められた具体的な「ひきこもり」のケースを詳細に検討し、前述したガイラルが「閉居」という用語で記述していたケースとの類似性を指摘している（Gayral, et al., 1953）。さらに、ゲジ＝ブルディオーは「彷徨（errance）」という一見閉じこもりとは真逆の症状も「閉居」という症状と表裏一体の関係であるという仮説を立てている。

こうした「閉居」としての「ひきこもり」は、統合失調症の症状である可能性は措くとして、「ひきこもり」に類似した現象が「疾患」よりはむしろ「症状」で語られており、「症状」であるからには背景に「疾患」が想定されるという論理なのである。「ひきこもりは非精神病性の現象とする」という定義があっても、実際には、単純型統合失調症が混入する場合がある。つまり、明確な妄想まではなくとも、行動の奇妙さ、社会性のなさ、全般的な遂行能力低下などから単純型統合失調症をあてはめる考えもあり得る。実際に、ブロイラー（Bleuler, E.）の単純型統合失調症やその原型であるディエム（Diem, O.）の単純痴呆型に、「無目的に放浪をする」という特徴が見られるが、「彷徨」と「閉居」が表裏一体であるとすれば、単純型統合失調症の「症状」としての「閉居」、つまり「ひきこもり」というのもあり得ることなのである。医学的言説の枠内においては、「症状」としての「ひきこもり」に類似した概念が昔から存在していたと言えるだろう。

第1章で紹介したスチューデント・アパシーという概念が一九七〇年代の日本の医療領域で受け入れられたのは、アパシーが「疾患」の側に位置づけられ、学業などに対する無気力が「症状」の側に位置づけられるという、医療モデルの構造をなしていたからであると考えられる。山田も、「ひきこもり」という概念が登場する前夜の一九八七年に、アパシーでも重症化すると本業からの部分的退却が社会生活全般からの退却へと移行して、自宅や下宿に閉じこもってしまうという言い方をしている（山田和夫、1987）。まだ「ひきこもり」という概念が使用されていない時代には、「ひきこもり」に類似した現象はむしろ「症状」の側に位置づけられていたのである。

## 「ひきこもり」が「疾患」の側で語られる場合

以上のような「症状」の側で語られてきた「ひきこもり」に類似した現象も、一九八〇年代に入って変化を見せ始める。それは主として医療との関係が確立されるようになってきたことに因るものが大きい。医療との関係が確立されたのは、「ひきこもり」の疾患としての医学的基盤が発見されたからではなく、治療の現場に「ひきこもり」が登場し治療の要請が高まってきたことがきっかけである。

それゆえ、厳密には「病い」の側で語られるようになったと言ったほうが正確なのである。

第1章でも取り上げた一九八九年の「平成元年度版青少年白書」によると、「引きこもりは、例えば、一日中自室にこもったり食事も自室に持ち込んで一人で摂ったりするなど、家族以外の人間だけでなく家族との接触も最小限にしようとするものであり、無気力は、例えば、学業や職業生活等への興味を失って、無為のままいつまでも日を過ごしてしまうもの」と書かれていて、この文を読んでわかるように、「ひきこもり」が主語になっている。つまり、無気力の主体になっているのである。これは、「ひきこもり」という概念が登場したときには、「症状」の水準を離れて、「症状」を持つ主体の側のメタファーとして語られるようになっていたことを意味している。それも「疾患」であるとまでは言えないまでも、「病い」として語られるようになったと言えるのである。

## フランスにおける「症候群」としての「ひきこもり」

「ひきこもり」が、医学的言説の内部では「病い」(実際には「疾患」に近い語られ方をするのだが)や「症状」として語られてきた事実については、これまで述べてきた通りである。しかし、それが本当に「疾患」であるのかあるいは「症状」であるのかを議論してもほとんど意味をなさず、語られる文脈を把握することに意味があると思われる。実際に「病い」の部分は社会文化の影響を多分に受けている可能性が高く、その文脈を把握することが重要であると思われるからである。

第II部でも述べるが、フランスでは、二〇〇〇年以降、ある種の症候群として「ひきこもり」が語られるようになってきている。このことは、「ひきこもり」が時代や文化に因るところが大きい現象として扱われていると考えてよい。そもそも「症候群」とは、ある病的状態の場合に同時に起こる一群の症状をいう。ただしこれらの症状は、いずれも必ずしも起こるとは限らない。症候群は、元来、同一の根本原因から発するものとして一つの方向を示すものであったが、社会現象のまとまりとしてある種の人々の集団を指すこともあり、ここでは後者の意味で用いられている。二〇〇〇年以降、登場した順を追って説明しよう。

まず、二〇〇一年にフランスで大ヒットした映画『TANGUY』の主人公にちなんで「タンギー症候群」が登場した。映画は、その頃までのフランスでは少なくとも大学生になった時点で両親のもとを離れるという選択をする（成人の本来的なあり方である「自律」を獲得する）のが普通であると考えられていたにもかかわらず、二八歳の青年タンギーが、母親の「いつまでも自宅にいてもいいのよ」という願望を読み取って、自宅に居続けたというストーリーである。それは、あくまで成人すると自律的な選択が可能になると考えられていた二〇世紀の時代の名残りのようなものがありながら、パラサイトシングルのような現象がフランスに現れてきたことが、意外な現象として捉えられた時代の物語であった。

そして、二〇〇八年頃にディオゲネス症候群という概念がフランスに輸入された。ディオゲネス症候群とは、一九七五年にアメリカの老年科医のクラーク（Clark, A. N.）とマンキカー（Mankikar, G. D.）らによって名づけられた現象である（Clark, et al., 1975）。クラークとマンキカーらによると、ディィオゲネス症候群は、老年期の現象で、孤独で不潔で非衛生的な生活をして、自己の身体の状態に無頓着であり、自ら進んで孤独な生活をして、外的援助を拒み、無意味で奇妙な収集癖を持つとされる。興味深いことに、彼らのうち半数近くには、明らかな精神障害が認められなかった。しかも、この症候群にあてはまった人（三〇名）の多くは、外見的な印象とは裏腹に知的にはむしろ高く（IQの平均は一一五）、かつては社会的にも成功し、家族背景に何も問題なかった人たちであったという。彼らの性格は、外的援助を差し出しに訪れた人々に対して高慢で疑い深く、感情的に変化しやすく、攻撃的であった。しかし、常に攻撃的というわけではなく、人格テストでも大きな人格のゆがみが出るほどではなかった。本人に接近を試みた人々は、彼らの「自分のことは自分で決めているから放っておいてほしい」という拒絶的な態度から、本人の精神的なあり方の中に何らかの自律的な傾向を読み取ったと言えるだろう。二〇〇八年当時は「ひきこもり」の類似の現象として、このディオゲネス症候群が究極の「自律」として取り上げられたわけであるが、究極の「自律」はすなわち社会的孤立でもあるというパラドックスがあった。つまり二〇〇八年頃は、「ひきこもり」という概念がまさにフランスにもちこまれた頃であると同時に、二〇世紀に完遂されたと考えられた「自律」の中に実はパラドックスが内在していることが、「ひきこもり」という社会現象の中に見抜かれたのである。ディオゲネス症候群については第III部で詳述しよう。

その後、二〇一三年頃からは、さらに、その「自律」のパラドックスがフランスの現代思想の中で再解釈されると同時に、そのパラドックスが心理的言表となって体現されたバートルビー症候群との対比で「ひきこもり」が取り上げられるようになった。バートルビー症候群とはフランスの人類学者や心理学者の間で流布している概念である。メルヴィルの小説の中に、法律事務所に雇われた青年バートルビーが、すべての仕事の依頼を温和な口調で断りながら、それでも事務所に居座る物語があり（Melville, 1853）、そのバートルビーの「I would prefer not to（～せずにいればありがたいのですが）」という特徴的な口調に、「ひきこもり」のパラドックスが読み取られたのである。

このように、どの症候群もそれぞれ「ひきこもり」に類似した現象であるが、それぞれが本当に「ひきこもり」なのかを議論してもほとんど意味がない（そのような議論になりがちであるが）。「ひきこもり」との関連で、いかなる症候群が取り上げられるかは時代によって異なるが、その取り上げられた症候群がその時代ごとの社会と青年の関係性のある種の歪みを示しているのは事実であり、いかなる点で「ひきこもり」に類似しているのかを検討することに意味があると思われるからである。

## 「『ひきこもり』はどう見られているか」という問いへ

「ひきこもり」は「疾患」なのかあるいは「症状」なのか、という問いは適切な問いではなく、重要なのは、どのような臨床場面で、あるいは臨床場面を離れたところで、どちらのニュアンスで語られるのかということではないだろうか。さらに、「ひきこもり」を社会現象のまとまりとしてある種の人々の集団を示す広義の症候群として考えるのも妥当であり、その際に重要なのは、それぞれの症候群がいかなる点で「ひきこもり」に類似しているのかという問いであると思われる。

以上のように、「ひきこもり」は「ひきこもり」とは何かという本質論に向かうよりも、どのように見られているかという問いのほうが重要であることがわかるだろう。したがって、国境を越えて日本を離れて、「ひきこもり」が新たに出現しているヨーロッパ、とりわけフランスでどのように見られているかを考えてみよう。

# II　ひきこもり——各論

# 第5章　ひきこもりはヨーロッパでどう見られているか

序章で触れたように、フランスを中心としたヨーロッパで「ひきこもり」に対する関心が高まっている。その関心に応えるべく、筆者は、コロナ禍前は一年のうち合計四ヵ月ほど、コロナ禍の最中の二〇二一年からは一年のうち合計半年弱ほど、フランスを中心に滞在して、様々な活動（講演活動、「ひきこもり」の訪問診療活動への関与、さらには現地の「ひきこもり」家族相談窓口の相談員のスーパーヴァイズなど）を行っている。本章では、こうしたフランスにおける筆者の活動について紹介し、その中で見えてきたものについて考察してみたい。

## フランスにおける「ひきこもり」への関心の高まり

「ひきこもり」と呼ばれる状態にある青少年の存在は、一九八〇年代後半から日本において徐々に認識されるようになっていたが、筆者も、今の勤務先である大学に着任した直後の二〇〇五年頃から、長期間大学に姿を現さずに自宅に閉じこもっている多くの大学生に臨床で関わるようになっていた。

そのような状況の中で、筆者や学内の学生相談に従事する専門家らで、二〇〇八年三月にパリの学生相談の現場を訪れた。滞在の目的は、フランスの学生相談のシステムやフランスの大学生の精神的・心理的問題を知ること、さらには、パリの児童思春期の治療施設「Maison de Solenn」で学生相談担当者とのディスカッションを行い、日仏両国の青年期の諸問題について情報交換をすることにあった。このディスカッションにおいて、フランスの青年の間にもインターネット依存の状態になって自室にこもってゲームばかりしている人がここ数年出現しているようだが、こうした学生も果たして「ひきこもり」なのかという話題が出た。この問いについて、両国の社会文化的相違を考慮しながら学際的に議論する必要があるだろうという結論になり、日本側は筆者を中心にして「日仏ひきこもり共同研究チーム」を立ち上げた。その後、フランスの拠点はパリ・デカルト大学からレンヌ大学へと移り、日仏の約二五名の研究者（精神医学、教育学、心理学、哲学、歴史学、社会学、医療人類学など）が本プロジェクトに参加して、オンラインで定期的にミーティングを開いている。

はじめに我々は表1のような、日仏共通の「ひきこもり」の定義を作成した。次に、我々は日仏共通の調査票を作成し（二〇一一年）、「ひきこもり」の状態にある青年を取り巻く人々（家族、教育関係者、医療関係者）などから情報を集めた。これらの結果は、二〇一三年と二〇一四年にフランス語で出版された筆者を筆頭とする論文にそれぞれ収録されている。これらの論文では、フランスにおいて、日本と同様、社会参加が困難な状態にある青年の出現が、様々な精神医療や社会福祉などと関わる現場で見られたということ、日仏における、精神医学的診断としては、インターネット依存や社交不安

**表1**　日仏ひきこもり共同研究チームによる日仏共通の「ひきこもり」の定義（Furuhashi and Vellut, 2014）

| | |
|---|---|
| | 14歳から25歳の間に以下のような状態が見られること |
| a） | 自宅で1日のうちの大部分を過ごしている |
| b） | 通常の意味で意義があるとされるあらゆる社会参加（勉強，仕事，人間関係）を避ける |
| c） | 少なくとも6ヵ月以上このような状態である |
| d） | 親しい友達がいないか，会っていない |
| e） | 身体的な問題がなく，明らかに統合失調症であるような病理を持たない |

障害、うつ病、広汎性発達障害、薬物依存だけではなく、特に診断が与えられない青年まで様々であったことなどが報告されている（Furuhashi, Tsuda, Ogawa, et al., 2013; Furuhashi and Vellut, 2014）。なお表1（Furuhashi and Vellut, 2014）のように、日仏共通の「ひきこもり」の定義において「一四歳から二五歳の間に以下のような状態が見られること」という形で年齢を限定しているのは、二〇一一年から二〇一三年頃までに「ひきこもり」の状態にある青年を取り巻く人々などから情報を集めたところ、日仏両国におけるほぼ全ての事例において、ある人がひきこもるときには、一四歳から二五歳の間に「ひきこもり」が始まっていたという事実のためであり、それ以外の年齢において社会から退き始めていた場合には、いわゆる「ひきこもり」とは別の問題によることが多いことがわかったためである。

そして、二〇一三年三月にパリのフランス国立東洋言語文化研究所（Institut national des langues et civilisations orientales: INALCO）にて、「日仏ひきこもり共同研究チーム」のメンバーが集まって公開シンポジウムを開いた。人類学者のファンステン（Fansten, M.）はフィギュエイレド（Figueiredo, C.）とともに、「ひきこもり」の青年の特異的な時間や空間の体験について述べた。ヴェルー（Vellut, N.）は、メルヴィル（Melville, H.）の小説「代書人バートルビー」の主人公にちなんだ「バートルビー症候群」という概念から、「ひきこもり」の青年たちの「I would prefer not to（〜せずにいればありがたいのですが）」という特徴的な口調、つまり、「否定的選択」という様式をひきこもり青年の心的構造に読み取った。ティスロン（Tisseron, S.）は、「ひきこもり」の青年が心理的にも社会的にも社会関係から外れてしまっているようなあり方について述べた。ガラン（Galan, C.）は、日本人の心性の中の「ひきこもり」のあり方についての問いを立てた。カステル（Castel, P-H.）はギリシャ時代から存在していた概念である自給自足（アウタルケイア）と近代以降の概念である自律（autonomie）という二つの概念を用いて、フランスではディオゲネス症候群としてしばしば記述される「ひきこもり」について述べた。ゲジ＝ブルディオー（Guedj-Bourdiau, M.-J.）は、一九五三年のガイラル（Gayral, L.）らの論文に出てくるケースと比較しながら、パリ・サンタンヌ病院で集められた具体的な「ひきこもり」のケースを検討した。エレンベルグ（Ehrenberg, A.）は、個人に対して社会が責任性を内在させている二一世紀において、「ひきこもり」とは個人の自律を究極的な形で実現している人たちであると述べた。筆者は、日仏におけるひきこもり現象を紹介した上で、「フランスの『ひきこもり』においては、個人と社会の関係性の失敗、言い換えれば、社会化の過程に起因する失敗が見られる」と主張した。ここでの「失敗」とは、フランスでは、具体的には移民の就職難や失業などだけではなく、失恋、学業の失敗なども含まれる。「ひきこもり」のきっかけが日本に較べてフランスのほうが比較的明確なのが特筆すべき点である。現代社会は個人に自律を促す時代になっている以上、個人レベルでは何らかの失敗を経験したときに、そのまま自律を推し進めると社会的孤立を選択することを余儀なくされてしまうということになるのである。この点は、「ひきこもり」のきっかけがより明確であるフランスにおいてとりわけ言えることであると思われる。

以上のように現在では、フランスにおいて「ひきこもり」に関する研究が、医学領域や、社会学や人類学、心理学などで広く行われるようになっている。実際に、フランス語文献検索サイトCAIRNで「退却（retrait）」という語がキーワード指定されている論文・著作を検索すると、二〇〇一年に較べて二〇一七年は約三・三倍に増加しているのは、こうした関心の高まりを示していると言える（図1）。同時期に「暴力（violence）」は約二・七倍に増加しており、もちろん、「暴力（violence）」は「退却（retrait）」と必ずしも関係しない局面でも増えている（例えば、ドメスティック・バイオレンスなど）が、「暴力（violence）」よりも「退却（retrait）」のほうが相対的に増えているということなのである。

## フランスを中心としたヨーロッパでの筆者の講演活動

折しも、筆者の勤務先の大学とフランス北東部のストラスブール大学との間には協定による教員招へい制度があり、二〇一一年五月から六月にかけてストラスブール大学に客員教授として筆者が派遣された。滞在中は、ストラスブール大学にて日本の「ひきこもり」について講演やセミナーを行い、その後も二〇一六年までは定期的に同大学医学部附属病院精神科外来にて、フランスのひきこもり青年について臨床観察を行ってきた。最近では、医学部精神科の研修医の教育にも関与している。後述

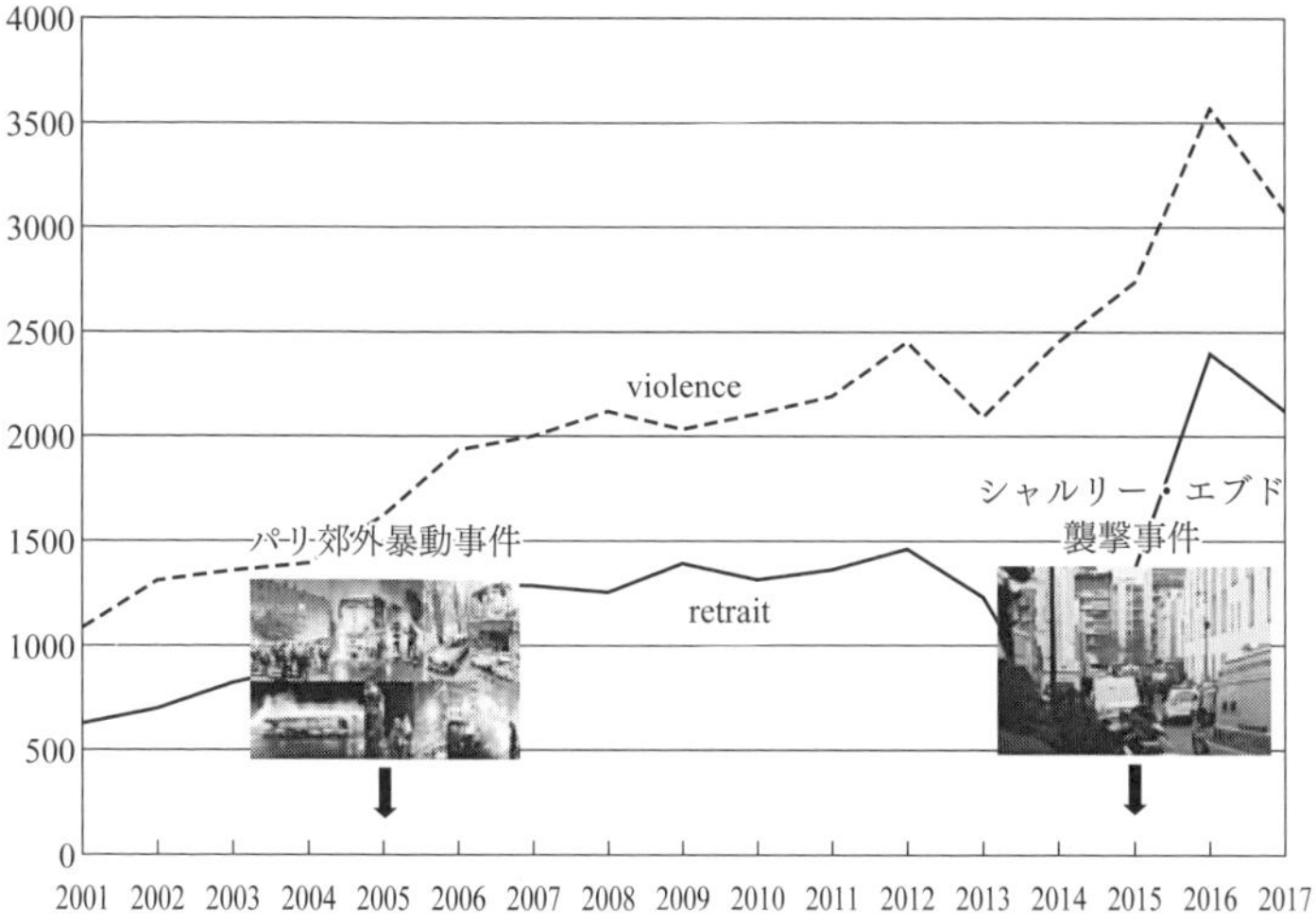


**図1** フランス語文献検索サイトCAIRNのviolence, retraitがそれぞれキーワードになっている論文と著作の数（2001–2017）

するような「ひきこもり」の訪問診療活動には二〇一七年から関わっている。その後も筆者は、フランスを中心とするヨーロッパの各地で「ひきこもり」についての講演活動を続けており、コロナ禍以前と最中を含め、年々そのニーズは高まっている（表2）。最近では日本よりもヨーロッパのほうが講演会の数がはるかに多くなっている。

日本と違って、講演終了後に質疑応答が数十分にわたって続くことは普通であり、とりわけフランスにおいては二時間以上も続くことがある。質問は「ひきこもり」に対して立てられる様々な問いである。例えば、英国で「ひきこもり」についての講演をするとしよう。そうするとほぼ毎回と言ってよいほど、研究者から「自閉症との関係はどうなっているのか」という問いが立ち上がる。二〇一九年五月のグラスゴー

**表2**　フランスを中心とする筆者による「ひきこもり」についての講演活動（2011年1月〜2022年10月）

| 年月 | 講演場所 | 講演のテーマ |
|---|---|---|
| 2011年6月 | Faculté de Médicine, Université de Strasbourg（フランス） | 日本の「ひきこもり」 |
| 2012年7月 | Le Pôle de Psychiatrie et de Santé Mentale et le C.A.M.U.S.（フランス） | 日本とフランスの「ひきこもり」 |
| 2013年6月 | Wantznau（フランス） | 日本とフランスの「ひきこもり」 |
| 2014年6月 | Le Pôle de Psychiatrie et de Santé Mentale et le C.A.M.U.S.（フランス） | フランスの「ひきこもり」 |
| 2014年6月 | Faculté de Médicine, Universitéde Strasbourg（フランス） | 「ひきこもり」とディオゲネス症候群 |
| 2015年6月 | La Société Luxembourgeoise de Psychiatrie（ルクセンブルク大公国） | 日本とフランスの「ひきこもり」 |
| 2015年6月 | Le Pôle de Psychiatrie et de Santé Mentale et le C.A.M.U.S.（フランス） | 日本における「ひきこもり」の電話診療の試み |
| 2015年6月 | Faculté de Médicine, Université de Strasbourg（フランス） | フランスの「ひきこもり」 |
| 2016年1月 | Faculté de Psychologie de Strasbourg（フランス） | 日本とフランスの「ひきこもり」 |
| 2016年5月 | Ithaque（依存治療施設）à Strasbourg（フランス） | インターネット依存と「ひきこもり」 |
| 2016年5月 | Conférence de SHU（Centre de Prévention du Suicide / Psymobile）à Lyon（フランス） | 日本とフランスの「ひきこもり」 |
| 2016年5月 | Faculté de Médicine, Université de Strasbourg（フランス） | 日本における「ひきこもり」の集団療法 |
| 2017年2月 | Ithaque（依存治療施設）à Molsheim（フランス） | マンガ，アニメと「ひきこもり」 |
| 2017年5月 | Mental Health & Wellbeing, University of Glasgow（スコットランド） | 日本とフランスの「ひきこもり」 |

| | | |
|---|---|---|
| 2017年6月 | Centre de Prévention du Suicide / Psymobile, Université de Lyon（フランス） | 日本とフランスの「ひきこもり」と日本における「ひきこもり」の集団療法 |
| 2018年1月 | Faculté de Médecine, Université de Rabat（モロッコ王国） | 日本とフランスの「ひきこもり」 |
| 2018年2月 | Ithaque（依存治療施設）à Strasbourg（フランス） | 日本における「ひきこもり」の集団療法 |
| 2018年5月 | SW Glasgow & East Renfrewshire CAMHS Team Away Day（スコットランド） | 日本の「ひきこもり」の概念史 |
| 2018年6月 | Centre de Prévention du Suicide / Psymobile, Université de Lyon（フランス） | 「ひきこもり」の国際共通尺度作成のために |
| 2018年6月 | Faculté de Médicine, Université de Strasbourg（フランス） | 「ひきこもり」の国際共通尺度作成のために |
| 2018年6月 | Ithaque（依存治療施設）à Strasbourg（フランス） | 「ひきこもり」の映画鑑賞と筆者とのディスカッション |
| 2019年1月 | Heymans Colloquium, University of Groningen（オランダ） | 日本とフランスの「ひきこもり」 |
| 2019年1月 | University of Göteborg（スウェーデン） | 医学的・社会的現象としての「ひきこもり」 |
| 2019年2月 | Conférence Maison Universitaire（フランス） | 日仏のひきこもり現象 |
| 2019年2月 | Ithaque（依存治療施設）à Strasbourg（フランス） | 日仏のひきこもり現象 |
| 2019年3月 | Faculté de Psychologie de Strasbourg（フランス） | グローバル化した「ひきこもり」 |
| 2019年5月 | Daiwa Foundation Japan House, London（英国） | 日仏のひきこもり現象 |
| 2019年5月 | GPPC's seminar, Glasgow（スコットランド） | 日仏のひきこもり現象 |

| | | |
|---|---|---|
| 2019年6月 | Faculté de Médicine, Université de Strasbourg（フランス） | 精神医学における「ひきこもり」 |
| 2020年1月 | L'Association Corse Equilibre et Santé Mentale（ACESM）（コルシカ島　フランス） | 日仏のひきこもり現象とフランスにおける「ひきこもり」の訪問診療 |
| 2020年2月 | Université Paris Est Créteil, Maison de l'Adolescent du Val de Marne（フランス） | 日仏のひきこもり現象とフランスにおける「ひきこもり」の訪問診療 |
| 2020年3月 | Ithaque（依存治療施設）à Strasbourg（フランス） | 「ひきこもり」の家族向け合同相談会 |
| 2020年6月 | Le séminaire web de l'Association du Congrés de Psychiatrie et de Neurologie de Langue Française（CPNLF）"La santé mentale à l'épreuve du COVID-19"（フランス・ウェブ講演会） | 新型コロナウィルスと「ひきこもり」について |
| 2021年5月 | European Congress for Emergency Medicine and Critical Care（スペイン・ウェブ講演会） | 新型コロナウィルスの「ひきこもり」に対する影響について |
| 2021年6月 | Radicalisation Awareness Networks for Emergency Medicine and Critical Care（オランダ・ウェブ講演会） | 「ひきこもり」とインセル（Incel; involuntary celibate）の関係について |
| 2021年6月 | Centre hospitalier intercommunal de Créteil, Paris（フランス） | 「ひきこもり」の国際評価尺度の構築について |
| 2021年9月 | 119e colloque international de l'Association du Congrés de Psychiatrie et de Neurologie de Langue Française, La Rochelle（CPNLF）（フランス） | 日仏のひきこもり現象と新型コロナウィルスの影響について |
| 2021年9月 | Faculté de Médicine, Université de Strasbourg（フランス） | 新型コロナウィルスの「ひきこもり」に対する影響について |
| 2021年9月 | Centre hospitalier intercommunal de Créteil, Paris（フランス） | 新型コロナウィルスの「ひきこもり」に対する影響について |

| | | |
|---|---|---|
| 2021年12月 | INTERNATIONAL WEB FORUM Psychiatric and neurological issues in the Covid-19 era: lessons for the present and the future October - December 2021, FONDAZIONE INTERNAZIONALE MENARINI PILLS OF PSYCHIATRY AND NEUROLOGY 2021（イタリア・ウェブ講演） | 新型コロナウィルスの「ひきこもり」に対する影響について |
| 2022年3月 | Centre hospitalier intercommunal de Créteil, Paris（フランス） | 「ひきこもり」は病気なのか生き方なのかという問いについて |
| 2022年3月 | Islands in the Global Age: Identification, Estrangement and Renewal in the East-West Dialogue（スコットランド・ウェブ講演） | 日本における「ひきこもり」の集団療法 |
| 2022年6月 | Ithaque（依存治療施設）à Strasbourg（フランス） | 「ひきこもり」に関する市民講座 |
| 2022年6月 | 120e colloque international de l'Association du Congrés de Psychiatrie et de Neurologie de Langue Française, La Rochelle（CPNLF）（フランス） | 「ひきこもり」は病気なのか生き方なのかという問いについて |
| 2022年6月 | Centre hospitalier intercommunal de Créteil, Paris（フランス） | 「ひきこもり」の集団療法 |
| 2022年9月 | Les psychothérapies familiales colloque internationale Organisé avec L'ASSOCIATION RES CIF, Strasbourg（フランス） | 「ひきこもり」の家族療法 |
| 2022年9月 | Les services Universitaires de Psychiatrie et de l'Enfant et de l'Adolescent et de Psychiatrie Adulte, Nantes（フランス） | 日仏のひきこもり現象とフランスにおける「ひきこもり」の訪問診療 |
| 2022年10月 | Groupe Hospitalier de la région Mulkouse et Sud Alsace（フランス） | 日仏のひきこもり現象とフランスにおける「ひきこもり」の訪問診療 |

での講演会では、スコットランドの自閉症研究者が会場から筆者に対して「ひきこもりは社会参加に過敏であるわけだからすべての『ひきこもり』が自閉症傾向を持っているのでは？」という質問を投げかけた。これに対して、筆者はできる限り誠実に返答をしないといけないのであるが、実は重要なのは、答えの内容よりも、「自閉症との関係を想定されるかぎりでの『ひきこもり』」とは何であるのかという問いなのである。二〇一九年一月にオランダのフローニンゲン大学心理学部で講演会をした時には、「オランダでもゲーム依存になっている若者が見られるが、ソーシャルゲームに没入している人の場合、ヴァーチャルな世界であれそれなりに関係を持っているわけで、それでも『ひきこもり』と言えるのか？」という問いがフロアから投げかけられた。また、同じく二〇一九年一月に自閉症研究の世界的な権威であるイェーテボリ大学のギルバーグ（Gillberg, C.）の研究室による主催で「ひきこもり」の講演会を行ったときには、「『ひきこもり』に対して身体を利用して社会関係を構築するような「ひきこもり」の治療はあり得るのか？」とという問いが投げかけられた（これに対しては筆者の所属部局の体育科学部の横山らと行っている「ひきこもり」の身体運動相談の効果について紹介した（横山慶子、ほか、2018）。本書では、その構成上、この身体運動相談については説明することはできないが、第7章で展開する「ひきこもり」の家族療法、個人療法、集団療法という順序をふまえるならば、最終段階の集団療法に位置づけられる治療であると言えるだろう）。

また、フランスで講演をするとしよう。そうすると、これも必ずと言ってよいほど、「『ひきこもり』は一つの生き方（mode de vie）ではないか？」「『ひきこもり』は本当に医療化することが正しいのか？」「『ひきこもり』にとって解決とは何か？」という本質的な問いがフロアの専門家から立ち上がる。しかし、最も重要なのは、一つの生き方であるのかないのかいずれかに決めることではなく、フランスでは「ひきこもり」は生き方なのか病気なのかという問いが立てられるという事実が重要なのである。さらに、フランスの市民講座で一般市民向けに「ひきこもり」の話をしたときに、「ひきこもり」の最中にある人が会場にやってきて、例えば「自分は五年ほど自宅にひきこもっているがそのことをどう考えたらよいのか？」という問いをフロアから投げかけられたこともある。

この生き方と病気との境界についての問いという視点は、日本で「ひきこもり」について考察をしているだけではなかなか出てこない問いである。つまり、「ひきこもり」は日本由来の現象であったはずのものであるが、フランスとの交流を通して、様々な問い、つまり「ひきこもり」の（に関する）経験についての言説を収集していくことが、筆者にとっては極めて重要なのである。「ひきこもり」を症候学的態度で捉えるとすると、最もよくありがちなのは、社会的孤立を一つの「症候」として考えてしまうことである。しかし、そもそも社会的孤立とは何であるのか、一つの状態なのか、行動なのか、本当に「症候」なのか、そもそも個人の中に完全に還元できてしまうものなのか、社会の側にはその孤立という状態を作り出している因子はないのか、というフランスにおける「ひきこもり」の（に関する）経験についての言説を集めることで、そこに社会と個人との関係のある種のパラドックスを読み取ろうとすることが重要なのである。

こうして、日本を離れて「ひきこもり」について語ることで、「ひきこもり」を生み出している日本社会がより見えるようになる。それは、「ひきこもり」は部屋の「内」にこもることで、社会の「外」に出るところがあるので、日本であれフランスであれ「ひきこもり」の体験を理解するには同じ社会の「外」を共有してみることが重要であるということにもつながっていると思われる。この点が国際比較の最も重要な点であろう。二〇一九年二月二八日のフランス依存協会主催のある講演会で「『ひきこもり』は完全によくなることはあるのですか？」という問いに対して「日本には『元ひきこもり（ex-Hikikomori）』という概念があって、それは『彼はかつてひきこもりであった』ということですが、社会復帰をしても完全に問題がないということはありません。正確に言えば、社会がそのような人を受け入れないということです。例えば、六年ほどひきこもったある人が『ひきこもり』を抜け出して、ある会社に就職をしようとしたときに、『六年間ひきこもっていた』と履歴書に書くと、それを直接理由にはされなくてもまず採用はされないでしょう」と答えたら、「それはずいぶんひどい話です。支援、支援と言いながら『ひきこもり』を増やしているのは日本の社会ではないのですか？」と言われたこともある。さらに、同じ講演会で、「『ひきこもり』は『ひきこもり』として生まれてくるわけではなく、あるとき『ひきこもり』になるわけでしょう。それならばそれをどのように同定するのですか？　そもそも『ひきこもり』を抜け出しても元ひきこもり（ex-Hikikomori）なら、どのように同定するかが問題になるのでは？」という質問を受け、筆者は、「そもそも、日本では『ひきこもり』はネガティヴな概念です。家族は息子がひきこもるとその状況を隠そうとします。それが問題なのですが。私はそこに既に社会的排除があると思っています。でもここフランスでは『ひきこもり』が肯定的に解釈されることがありますね。要するに、本人の中に『ひきこもり』を同定するために見いだすべき兆候などがあるわけではなく、むしろ、それを同定する社会の側を見なければいけないと思います」と答えたが、改めて考えてみても、これはとても重要な質問であったと思われる。

また、二〇二〇年一月二五日のフランスのコルシカ島の県立国際会議場で行った医療従事者向けの講演会では、「現代の臨床についてとても興味深く思いました。まさにあなたが説明されたように、我々のところで出現する前から、実際にこの現象はありました。『ひきこもり』という説明はとても効果的です。非常に興味深いのは、このことがどこに位置づけられるのかわからないということです。精神病なのか、うつ状態の抑制症状なのか。重症の神経症なのか、思春期の気分障害なのでしょうか。『ひきこもり』の症状は、とにかく多様性があって、それがすごく私にとって面白いのです。それで、あなたの講演の最後で述べておられたように、『ひきこもり』とはある種の『生き方』なのかという問いも立てられると思います。私は、『ひきこもり』とは、一つの安定点だと思います。それは我々によって見いだされた安定点で、高校や中学校での問題に対応する形で見いだされたパソコン中毒としての安定点でもあります。でも結局のところ、『ひきこもり』に特異的な同一性を見つけることは難しいのでしょうか？　『ひきこもり』は防衛的なポジション、保護的なポジションなのでしょうか？　保護が構築されるというのは、ある種の避難であり、何からかというと、精神病や、社会的紐帯からの迫害のようなパラノイアや、統合失調症からの保護ではないでしょうか。『ひきこもり』は、精神病の発症を和らげているのではないでしょうか。病態も、それほど暴力的でもないしそれどころか静かなのではないでしょうか。彼らが距離をとったり、身を守ったりしているのは、あなたが言うように、人が彼らに対して望んでいることの効果からですね。あなたが言ったように、彼らは何も望んでおらず、関わることすべてから距離を取っているということですね」というとても長い質問をフロアのある精神科医から受け、筆者は、「まさにそうですね。『ひきこもり』は、社会が彼らに望んでいることから距離をとります。彼らは何を社会が自分たちに望んでいるかを感じ取ることができるのです。我々、精神科医や心理士は『ひきこもり』の状況が改善することをしばしば望んでいます。しかし、それは難しいことです。というのも、それは社会が望んでいることだからなのです。『ひきこもり』はとても社会に敏感なのです。社会には息子に対して何かを望む両親も含まれます」と答えた。こうした諸々の質問を考えると、「ひきこもり」を前にして、日本では「どう対処したらよいのか」という質問を受けることが多いが、フランスでは「どのように理解したらよいのか」という質問を受けることが多く、日仏で、問いの立て方に大きな違いが見いだされたのである。

表3は「ひきこもり」やその近縁概念のフランスやイギリスにおける日常での使用頻度を示したものである。これらのうち、Hikikomori, Neet, オタク（Otaku）は説明を省くとして、No life という言葉はフランスで広がっている日本のオタクに近い言葉であり、日本のポップミュージックやテレビゲーム、日本の文化やテクノロジーなどのサブカルチャーなどを扱うフランスの番組名である。これらの文化に没頭している人々が、このテレビ番組にちなんで、No life と呼ばれている。また、ギーク

(Geek) という言葉は、インターネットが普及するにつれて、インターネットやコンピュータに「深い知識を持ち」それらに多くの時間を割く人々を指すようになった。フランスの「ひきこもり」の青年たちの中には、自身はギークであると考えている青年もいくらか存在する。また、英国で広がっているナード (Nerd) という言葉は、特定の趣味 (パソコン関連やゲーム、SF小説、ファンタジー小説など) に関心を持ち、社会とは距離をとりながら、生活している人のことを指している。

**表 3**　日仏英における「ひきこもり」とその近縁概念の使用頻度

| | 日本 | フランス | 英国 |
|---|---|---|---|
| Hikikomori | ＋＋＋ | ＋＋ | ＋ |
| Neet | ＋＋＋ | ＋ | ＋＋＋ |
| Otaku | ＋＋ | ＋ | ＋ |
| No life | − | ＋＋ | − |
| Geek | − | ＋＋ | ＋＋ |
| Nerd | − | − | ＋＋ |

**SOCIÉTÉ** Une permanence de consultation ouvre dans les murs d'Ithaque, à Strasbourg

**Hikikomori : quand s'exprime la détresse des proches**

S'il est impossible de dire combien la France compte de *hikikomori* à l'heure actuelle, faute de statistiques officielles, le problème semble bien réel : la conférence organisée jeudi soir par Ithaque pour lancer sa permanence de consultation a fait salle comble.

Le professeur Tadaaki Furuhashi et la psychologue Mitra Krause, deux des membres du groupe à l'origine de la permanence de consultation.

**図 2**　Dernières Nouvelles d'Alsace 紙の記事 (2019 年 3 月 2 日, フランス語) (左筆者／右司会者, 2019 年 2 月 28 日のフランス依存協会での筆者の講演の様子)

# Generationen der aldrig står op

▸ LYT TIL ARTIKLEN

PETER HARMSEN

Der er godt nyt til alle spilnørder, som foretrækker computernes farvestrålende og blankpolerede verden frem for den virkelige version.

En japansk møbelfabrikant med det ikke specielt japanskklingende navn Bauhütte har udviklet »den ultimative gamerseng«, som i princippet gør det muligt at leve et helt liv på langs fordybet i det digitale univers.

Virksomheden tilbyder også ekstra tilbehør i form af en »energivogn«, et rullebord til softdrinks og snacks, så man undgår den besværlige tur ud til køleskabet og tilbage igen, når der er behov for nye forsyninger. Tilsammen udgør det en slags »evighedsmaskine«, skriver Bauhütte i sit katalog.

Bag produktet, der nærmest ligner et element i en dystopisk science fiction-roman, gemmer der sig en voksende tendens i det japanske samfund til at spærre sig inde i privaten og lukke sig om sig selv. Adfærden er især forbundet med de yngre årgange, der ofte ved overbeskyttende forældres hjælp ser en mulighed for at leve som moderne eremitter.

Antallet af japanere, der selvisolerede sig, længe før udtrykket overhovedet blev moderne, er ukendt. Det skyldes blandt andet, at deres adfærd er anledning til betydelig forlegenhed i et samfund, hvor kollektivet generelt har forrang frem for individet.

Men flere skøn tyder på, at det drejer sig om langt over en million ud af en befolkning på 126 millioner. Samtidig breder fænomenet sig til de midaldrende og ældre. Der kan være flere årsager, fortæller Sachiko Horiguchi, der er antropolog ved Temple Universitys afdeling i Tokyo.

»Det kan være, at de mister deres job eller har problemer i skolen og derfor taber incitamentet og lysten til at bevæge sig ud i samfundet. Det er ret universelt,« siger hun.

Han mener, at det har dybe rødder i det japanske samfund, selvom der først for alvor er kommet opmærksomhed om fænomenet, efter at det har fået et navn, *hikikomori*, og efterfølgende er blevet genstand for en omfattende akademisk litteratur.

Dybest set kan det være en ekstrem reaktion på et lige så ekstremt pres fra et samfund, der er et af verdens tættest befolkede og nærmest som en nødvendighed påtvinger konstant samvær med andre, samtidig med at muligheden for at være alene er stærkt begrænset.

Kulturen spiller også en rolle. Det japanske samfund stiller store krav til den enkelte om at tilpasse sig specifikke normer for adfærd, som endda spejler sig i et sprog, hvor man anvender en forskellig sprogstil og grammatik, afhængig af den situation, man befinder sig i. Vi kender det også i Danmark. I visse situationer siger man stadig »De« til hinanden. I Japan er omgangsformerne bare meget mere rigide.

Oveni kommer et legendarisk eksamenshelvede, der ikke som tidligere bliver belønnet med livslang jobgaranti, men derimod afløses af kronisk usikkerhed på et arbejdsmarked, der ikke som før er i stand til at opsuge de nye årgange, efterhånden som de bliver færdige med deres uddannelse.

Det er med andre ord ikke altid sjovt at være japaner, og det kan være fristende at sige farvel til det hele og i stedet at ende som en højteknologiske Robinson Crusoe, hjulpet af især internettet, der faktisk gør det muligt at tilbringe det meste af tiden mellem vugge og grav uden egentlig fysisk kontakt med omverdenen.

## Trenden breder sig

Det kan godt være, at japanerne var de første, der opdagede hikikomori og gav det et navn, men det er langtfra noget eksklusivt japansk fænomen. Måske markerer det et første skridt ind i en fremtid, der er fælles for os alle.

Det er en fremtid, hvor maskinerne udfører en stadig større del af det grove arbejde, og flere og flere har muligheden for hver især at gå på opdagelse i et cyberspace, som bliver stadig mere fascinerende og virkelighedsnært.

Noget kunne tyde på, at det er dér, de fleste avancerede samfund er på vej hen. Tilfælde af hikikomori er rapporteret i en række europæiske lande, og Tadaaki Furuhashi, en ekspert i hikikomori ved Nagoya Universitet, der i øjeblikket er på studieophold i Frankrig, oplever en voldsom interesse for sin forskning.

»Selvom det har været populært at kæde hikikomori sammen med japansk kultur, er det egentlig ikke specielt japansk. Her i Frankrig er det også et voksende fænomen, og der er millioner af franskmænd, der lider af det. Det samme er tilfældet i Storbritannien,« siger han.

**図 3**　Weekendavisen 紙の「ひきこもり」の部屋と筆者のフランスにおける活動の記事（2021 年 6 月 22 日，デンマーク語）

このようにひきこもり概念が浸透する一方で、筆者の活動はフランスのメディア〔新聞 Dernières Nouvelles d'Alsace：二〇一九年二月二四日、Dernières Nouvelles d'Alsace：二〇一九年三月二日（図2）、Le Quotidien du Médecin：二〇一九年三月七日、テレビ France5, Le monde en face：二〇一九年一二月一九日、Corse Matin：二〇二〇年一月二六日〕でも取り上げられ、フランス社会の関心の的の一つになっている。また、二〇二一年六月二二日には、Weekendavisen というデンマークの新聞で、筆者のフランスでの活動の様子やコロナ禍で「ひきこもり」が増える可能性に関する筆者のコメントが掲載された（図3）。

## ヨーロッパで出版されている「ひきこもり」に関する学術論文

以上のようにフランスを中心としてヨーロッパでは「ひきこもり」に対する関心が非常に高まっているが、単なる関心の高まりに留まらず、数々の学術論文という形でも結実している。フランスだけではなくフランスの近隣諸国あるいはフランス語圏の諸国で、筆者のフランス語の論文を含めた論文などを引用しながら「ひきこもり」の研究がなされつつある。前述したフランス語文献検索サイトCAIRNで、Hikikomoriという言葉で検索すると（タイトルのみ）、一二件の論文がヒットした（二〇一八年一月までの出版に限定している）。その中にはヴェルー（Vellut, N.）、古橋（Furuhashi）（筆者）、タジャン（Tajan, N.）のそれぞれ二本が存在する。まず特筆すべきは、二〇一五年の学術誌Revue Adolescenceにおけるひきこもり特集であり、ヴェルーは「ひきこもり」の「否定的選択（préférence negative）」という特徴的なあり方について論じた論文を寄せている（Vellut, 2015）。筆者は同じ特集のある論文で日本のひきこもり現象を紹介した上で、自ら受診しない「ひきこもり」の治療として電話やオンラインによる治療は可能かという問いを立てた（Furuhashi and Vellut, 2015）。二〇一七年の筆者のもう一つの論文では、筆者の治療してきた三百人以上の「ひきこもり」の中に自殺者が一人もいなかったのはなぜかという問いを立てている（Furuhashi and Bacqué, 2017）。タジャンは二〇一四年の論文で「ひきこもりの表現は、両親の無力さと結びついていて、それは、生徒に強いプレッシャーを与えうる日本の学校制度と体系的に結びついている」と述べ（Tajan, 2014）、二〇一五年の同じひきこもり特集の論文では、青年期における「ひきこもり」の特徴的なあり方について論じている（Tajan, 2015）。

また、Web of Scienceなどの英語の文献検索サイトでヒットするフランス語の論文としては、二〇一三年の筆者らによる日仏の「ひきこもり」の記述現象学的な比較を行った論文（Furuhashi, et al., 2013）や、二〇一一年のゲジ＝ブルディオーによる「閉居（Claustration）」という観点での「緊急援助を求めてやってきた家族と複数回相談後に自宅で会った二一症例」についての論文（Guedj-Bourdiau, 2011）や、「ひきこもり」の青年がゲームを過剰にすることで、「自己愛の強化やそれほど脅威的ではない対象関係やそれほど苦痛ではない喪失との直面」を彼らに導くと述べているドゥルカの論文（De Luca, 2018）もある。

Web of Scienceでヨーロッパにおいて出版された「ひきこもり」の英語の論文を検索すると（二〇一八年一月まで）、「ひきこもり」の各国での出現に関する論文が一〇本、インターネット依存との関連に関する論文が一〇本、「ひきこもり」全般を論じたものが五本、何らかの質問紙などを用いて臨床像を把握しようとした論文が五本ヒットした。

そのうち各国での出現に関する論文としては、とりわけヨーロッパのものとして、スペイン、フランス、ウクライナ、イタリア、クロアチアなどについての報告がある。イタリアではイタリア語の論文で二〇一〇年に日本の「ひきこもり」現象がいち早く紹介されている（Aguglia, et al., 2010）。二〇一五年のラニエリの論文では、「ひきこもり」現象の紹介だけでなく、イタリアの具体的な二症例（二例とも一三歳女性）が提示されているが、「ひきこもり」というよりは不登校のケースである（Ranieri, 2015）。「ひきこもり」として取り上げられるヨーロッパの事例は、以前は一〇代の事例であることが多かったのに較べて、今では三〇代から四〇代の事例がようやく取り上げられるようになってきている。それでも、二〇一八年のラニエリらの論文でも、一五歳の不登校の女性の事例が取り上げられている（Ranieri and Lucchcrino, 2018）。また、二〇一八年のドゥラカール・レアルらの論文では、早期介入の必要性が主張されている（de la Calle Real, et al., 2018）。

以上のように、ヨーロッパの専門家による「ひきこもり」と一口に言っても国によって様々である。フランスでは「ひきこもり現象をどのように理解したらよいのか」という問いや、「ひきこもり」を生み出す社会について問いを立てる専門家が多いように思われる。イタリアは、どちらかと言えば日本の問いの立て方に近く、「どのように対処したらよいのか」という問いや、「ひきこもり」を予防したり、早期介入をする視点に立つ傾向の専門家が多いと思われる。

## フランスにおける筆者による「ひきこもり」の訪問診療

一九六〇年代からフランスには精神科セクター制度がある。これは、全国に約八百の成人精神医療セクターと約三百の小児・児童精神医療セクターを設け、それぞれのセクターに医療心理センター（Centre Médico-Psychologique：CMP）を備える制度である。筆者は、二〇一七年以降、ストラスブール大学医学部精神科の臨床観察医としての資格を得て、フランスのあるセクターのエリアにおいて、閉じこもりなどの理由で病院に自発的に来院することが困難な患者の訪問をCMPの看護師とともに行い、フランスの「ひきこもり」と直接対話してきた。二〇二二年十月までに合計一三七名の家の訪問を行い、そのうち、表1の「日仏ひきこもり共同研究チーム」の「ひきこもり」の定義にあてはまる患者が一二名存在した。この一二名へは継続して定期的に訪問しており、フランスの「ひきこもり」の生活の様子を直接観察するという貴重な臨床経験をしている。こうしたフランスの精神科セクター制度による訪問診療の詳細については、第8章に譲ることにしたい。

また、二〇一八年以降、ストラスブールにあるフランス依存協会（ITHAQUE）（アルコールや薬物などや、最近ではインターネットなどの依存を治療するフランスの公的医療施設）で筆者が監修をして「回り道（Détours）」という名称の「ひきこもり」家族相談窓口を現地のスタッフとともに立ち上げたところ、フランス各地から「ひきこもり」を身内に抱えた家族が相談に訪れている。相談の延べ面接回数は年間平均約三百五十回である。現在は定期的に筆者がフランスに滞在したときに、「ひきこもり」の相談を担当している相談員のスーパーヴァイズをしている。

## フランスにおける臨床から生まれた問い

以上のような、一連のフランスにおける臨床との関わりの中で、筆者の主な問いはさしあたり以下の六つである。

(1)フランスで「ひきこもり」が認められ始めた二〇〇八年以前に、すでにひきこもっていた人にフランスでしばしば出会う。「ひきこもり」という概念がなかった時代はどのように記述されていたのか?

(2)インターネットやゲーム依存と「ひきこもり」の関係はどのように捉えられているのか? インターネットやゲーム依存の状態にある「ひきこもり」の快と主体の関係はどうなっているのか? ストラスブールにあるフランス依存協会で筆者の助言のもとにひきこもり家族相談窓口を立ち上げたところ、フランス各地から相談に訪れていることは、前述した通りである。実は、この窓口の前身は「大麻などの物質への依存」を主に扱っていたが、二〇一八年以降は「物質によらない依存」、つまり、インターネットやゲーム依存といった、「ひきこもり」の一部も扱わざるを得ないような必要性が生じた。このことからもわかるように、フランスにおいては、「ひきこもり」がインターネットやゲーム依存の文脈で取り上げられやすく、そのような意味でも、インターネットやゲーム依存と「ひきこもり」との関係がとりわけフランスにおいて問われる必要がある。

(3)フランスではしばしば見られる、「ひきこもり」の状態にある社交不安障害をどのように考えればよいのか? 社交不安障害とは、社会参加をする場面において、極度の緊張や不安を感じる障害であり、彼らには本来的には社会参加をしたい願望がある一方で、緊張や不安のために社会参加ができない状態になっている。そういう意味では、初めから社会参加をしたいという願望のない「ひきこもり」とは、理屈上は区別されるはずである。しかし、フランスにおいて見られるような「ひきこもり」の状態にある社交不安障害を考えた場合、社交不安障害という土台の上に「ひきこもり」という事態が二次的に生じたと考えてよいのか? さらに、彼らが「ひきこもり」になった場合、土台であったところの社交不安障害はどうなったのか？

(4)うつ病とインターネットへの没入の関係をどのように考えるべきか？　この問いは、とりわけアメリカに見られる諸研究において、しばしば俎上に載る問いである。フランスにおいては、問われることがあまりないものの、それがとりわけフランスにおいてなぜ問われないのかという問いは成り立つだろう。

(5)病理なのかある種の「生き方（mode de vie）」なのか区別できない事例をどのように考えるべきか？　ある種の「生き方」のような事例を医療化すべきなのかどうか？　この問いは第4章で既に問われたものではあるが、完全な答えが出たわけでなく、臨床との関わりの中で常に更新されていく必要のある問いであると言えるだろう。

(6)フランスでは自宅に閉じこもり続けている青年の中に「うつ病」という診断で、効果がないにもかかわらず長期にわたって抗うつ薬が処方されているケースが見られる。彼らや周囲の医療関係者に「問題は『ひきこもり』であって薬物療法はそれほど効果がない可能性がある」と伝えることで、過剰な医療化を防ぐことができるとしても、それでも本人の問題が継続する場合が多く、「ひきこもり」の問題のうちどの部分を医療化すべきなのか？

「ひきこもり」について日本の外から観察し日本の外で語ろうとするのは、以上のような問いを通して、「ひきこもり」を生み出している日本社会が日本の内側から観察する時と比較して相対化され、筆者にとってよく見えるようになるからである。そのことは、「ひきこもり」が社会の「外」に出るところがあることと関係している。日本の「ひきこもり」が出た先の社会の「外」というものが、フランスからのほうがかえってよく見えるからである。そして、フランスの「ひきこもり」が出た先の社会の「外」も、日本からのほうがよく見えるということももちろんありうることである。こうした「ひきこもり」という事態を巡って生じる問いは、文化や国によって様々な形をとると言える。それゆえに、筆者にとって、フランスを中心としたヨーロッパとのこうした国際比較とは、異なる文化圏から出てくる問いを集めていくことなのである。本書を読み進めるにあたりさしあたりの答えを多少求めることはもちろん不可能ではないが、集められた問いのほうが答えよりははるかに重要であることを再度確認しておこう。

次章では、こうして「外」から、すなわち、日本からだからこそ見ることができたフランスの「ひきこもり」の本質的な側面について、つまり、フランスの「ひきこもり」の精神病理について論じていく。

# 第6章　フランスのひきこもりの精神病理

## 言説形成体を対象に含む精神病理学へ

筆者は古書収集を趣味としているが、精神病理学に関わる精神科医の中には、筆者のように収集家としての側面を持ち合わせている人が少なからず存在する。これまで筆者自身が執筆してきた論文を再読してみても、そのような収集欲を基盤に書いてきたとしか思えなくもない論文がいくつかある。それはある意味では、学問の中に「私」の「欲」が混入しているということになるだろう。精神医学は、このような、「私」の側面を全て捨象した上で成り立っているとされる傾向が、近年では特に強くなっている。つまり、同じ患者について誰がいつどこでみても同じ形で得られる客観的データを重視するということである。しかし、精神病理学というのはそもそもそのような客観的データの集合体なのだろうか。症候学は、とりわけ精神病理学の中でも『私』を切り離した」と主張するかもしれないが、そうした症候学においてすら切り離すことはできていないのかもしれない。さらに言えば、「切り離したい」と願い続ける営みこそが症候学なのかもしれないし、「切り離したい」という願いはそもそも「私」の「欲」であり、結局は学問の中に「私」の混入は避けられない。つまり、「私」の「欲」と「患者」についての記述の集合体が連続しているということになる。

ところで、フーコーは、自身の著書『狂気の歴史』『臨床医学の誕生』『言葉と物』についてまとめて一九六八年に語った「科学の考古学について」というテクストで、以下のように述べている。「じっさい、切り取られあるいは記述された言説形成体は、正確にはそれらの諸科学（あるいは疑似科学）の境界画定と一致してはいない。確かに、筆者は現時点で精神病理学的と呼ばれている（そしてある人々の目には科学的であるとされる）言説の経験から出発して、狂気の歴史についての調査を開始したのだった。（中略）例えば、『狂気の歴史』において分析された実定性のシステムは、その時代に医師たちが精神疾患について述べえたことがらのみを説明するものではないし、とくにそれを説明するわけではない。そのシステムはむしろ、医学的諸言表（énoncés médicaux）、制度的規制（règlements institutionnels）、行政的措置（mesures administratives）、司法的テクスト（textes juridiques）、文学的表現（expressions littéraires）、哲学的定式化（formulations philosophiques）を、それらの分散状態そのものにおいて可能にした、座標系、言表の諸様態、理論的ネットワーク、選択点をこそ定義しているのである。分析によって取り出され記述された言説形成体（formation discursive）は、ひとが精神病理学の前史だとかその諸概念の発生史だとかして語りうるようなことをはるかにはみ出してしまっているのである」（Foucault, 石田訳, 2006）。フーコーが調査の対象として関心を持ったのは言説形成体である。そこで言説の経験として出発点にされているのは確かに「精神病理学」ではあるが、ここでフーコーが考えている「精神病理学」とは諸概念の発生史のような限定的なものである。フーコーはこうした括弧付きの「精神病理学」から出発して「知の考古学」、つまり、それらが社会の中でいかなる権力構造と関わりながら発生してきたのかを示すところへと見事に到達した。筆者には精神病理学は、フーコーが出発点にしたような限定的なものでよいのだろうか、むしろ、フーコーの到達点であった言説形成体を対象に含むような精神病理学が必要なのではないかと思われるのである。

## 精神病理学的問いはどこから来るのか

筆者は、二〇〇八年頃に、知り合いのフランスの哲学者で臨床心理士でもあるピエール＝アンリ・カステル（Castel, P.-H.）とパリで会った際に、「日本では『ひきこもり』の状態にある青年が社会問題になっている」ということを話題にしたところ、カステルは極めて強い関心を持ってすぐに日仏共同研究チームを招集してくれた。カステルは広義の意味でラカン派であるが、筆者は今の今までラカンを使って「ひきこもり」について解釈した言葉を彼の口から聞いたことがない。さらに、「『ひきこもり』とは何か」という問いに対する答えも聞いたことがない。むしろ、カステルは「ひきこもり」を巡ってこれまでに立てられてきた問いに関心があるようであった。カステルは、実際に、性別違和、ヒステリー、強迫性障害など個々の問題について、ギリシャ時代から現代に至るまでのあらゆる医学的言表や文学テクスト、神学テクストなどを可能な限り収集して、そこから、それぞれの問いの間の関係性や構造を明らかにすることで、個々の問題を浮き彫りにするというスタイルの著作をこれまで出版してきたのである。

筆者は、臨床において多くの「ひきこもり」たちと対話してきた。そして、結局のところ筆者がこれまでに集めてきたのは「ひきこもり」を巡って立てられてきた問い（もちろん本人によって立てられた「問い」も含まれる）に基づく臨床経験の言表であり、それに関する行政的措置のテクストや過去の医学的文献や哲学的あるいは文学的テクストであったと言える。それは、「ひきこもりとは何か」という問いに対する答えを示すことではない。「ひきこもり」を巡って立てられた問い、さらには「ひきこもり」について言われてきたことを集積する営みこそが重要なのである。さらに筆者は、これらの問いを収集したものを基盤にしながら、日本とは異なる文化圏で学術講演などの形で「ひきこもり」を話題にするわけであるから、その文化圏で新たな問いが立ち上がるのはある意味では当然であると言える。筆者が集めてきたこれらの問いについては、本書を通してこれまでに論じてきたし、この先も論じていくテーマをなしている。

### フランスとの交流と臨床経験

フランスとの交流という表題を本節に付したが、これを見た読者の方の中には、いわゆるフランスの研究者たちとの交流のことを思い描いた方もおられよう。もちろん、彼らとの交流も極めて重要であるが、筆者にとっては、患者、つまり、フランスでひきこもっている当の本人との交流も重要である。もちろん、研究者たちとのような相互的な交流とは少し違う点もある。しかし、フランスのこうした「ひきこもり」の人たちと面談を重ねた上で、さらに、彼らが社会参加せず家に閉じこもっている事態について現地の精神医学や社会学、心理学の専門家、精神分析家などとの議論を行っており、そういう意味では研究者たちとの交流と患者たちとの交流が位相こそ異なるものの互いに関連しあっていることにもなるのである。社会参加せず家に閉じこもっている事態について、様々な領域でどのように言われているのか、どのような眼差しを向けられているのかをそれぞれ把握しないで症候学的に捉えようとする限り、フランスの「ひきこもり」については何も見えてこないと思われるのである。

筆者は、二〇一七年以降、ストラスブール大学医学部精神科セクター医療の臨床観察医としての資格を得て、フランスに定期的に滞在し、閉じこもりなどの理由で病院に来院が困難な患者の訪問を行っているが、定期的に訪問している「ひきこもり」は一二名になっている（二〇二二年現在）。この一二名とも、日本で筆者が普段診ている「ひきこもり」の学生に較べると、受診を促す圧力はそれほど生じていないし（もちろん日本でも、圧力が生まれないように意識はしているものの、それでもやはり所属先の大学のメンタルヘルス担当医となると、制度的に、本人に対して受診するように促す圧力を作り出してしまう）、それどころか、会ってみようという気持ちにもさせているように感じていた（実際、会うことを拒否されたことは一度もなく、何十年も受診を拒んでいたのに、筆者の訪問を精神科医として初めて受け入れてくれた「ひきこもり」が何名か存在する）。最も重要なのは、社会に参加するべきであるというテーゼを訪問診療の患者たちに押し付けることにあるのではない。社会に出ないといけないというテーゼそのものが、ある一つの同一性の物語に根ざしたイデオロギーである可能性があるからである。

精神科医としてイデオロギーの力を行使するのではなく、社会に出ないといけないということに関する言説そのものについて、本人に問いを立ててもらうやり方を筆者はしている。日本から来た筆者のほうが特定のイデオロギーから自由であると思われ、彼らに受け入れられやすい。そして、現地でひきこもっている人たちと対話することで彼らの問い、彼らを巡る言説（最近のフランスでは毎週のようにメディアで「ひきこもり」のトピックスが取り上げられており、様々な言説が広がりを見せている）を集めて、日本の「ひきこもり」の観点をふまえた見地から、彼らに何が起きているのかを症例検討会などで現地の精神科医たちに説明して議論するわけである。最近では、筆者はフランスの医学部で研修医向けのセミナーを開くなど教育活動にも関わるようになっている。フランスにおける地元住民（「ひきこもり」の両親など）向けの「ひきこもり」の市民講座の依頼もある。このようなイベントは数年前のフランスでは考えられなかったが、こうした依頼があるのも「ひきこもり」を巡る言説の多様化の一つの現れであると考えており、そう考えればとても興味深い事実である。

さて、「ひきこもり」の本人には、あたかも専門家であるかのように自身について考察してもらい、その結果として社会参加するのも、しないのも一つの本人の選択であると考えるやり方をとっている。「ひきこもり」は病気なのか、あるいは、生き方なのか、ということが常に問いに付されるフランスにおいては、そのやり方が最もよいのである。本人の選択として、社会参加しない場合には、たとえ基盤に何らかの疾患がなくてもそれでもやはり精神的な問題ではないか、と考える意見もあるだろう。しかし、前述したように、社会に出ないといけないというのが一つのイデオロギーであり、本人がそのイデオロギーによって硬直している状態であるとしたら、本人とともになすべきは社会参加を促すことではなく（促す行為自体が、特定のマニュアル化した同一性に治療者が縛られていることを示しているからである）、ひきこもっている当人を巡るこうしたイデオロギーがどこから来たのかということについて、本人や家族、彼らをとりまく専門家たちの複数の言説を集めていく作業が重要になると思われるのである。

それでは、以上の観点を踏まえて、具体的に、筆者が訪問診療したフランスの「ひきこもり」の事例のうちの一つを以下に提示しよう。なお、本人の同定ができないよう内容を大幅に変更し、匿名性の保持に十分な配慮をした。

**事例アダム（仮名）初回面談時二五歳男性**

兄弟はいない。両親は本人の出生前に離婚しており、アダムは母親と生活してきた。本人は父親に会ったことがない。一八歳のとき、工学系の資格を取得した。しかし、その後就職を探したが思うようにいかず、ひきこもってしまう。ひきこもった当初は母親に対する暴力があった。しばらくして暴力は消えたが、パソコンの前に貼り付いている時間が次第に長くなった。ひきこもって五年ほど経過すると、昼夜逆転して、起きている時間はほとんどパソコンで日本のアニメの二次創作のフォーラムで他のネット上の仲間とのやりとりを見ている状態になった。本人が意見を書き込むことはほとんどない。母親が強く希望しても、本人が受診しないので、三か月ほど前に母から精神科セクターへ連絡が入っていた。

筆者は、X年二月にセクターの車で看護師と共にアダムの自宅を訪問した。なお、事前に本人に日本から本人の問題に関する専門家が来るが会ってみるかと母親を通して尋ねてもらい「来てくれるなら会いたい」という意向を得ていた。午後三時頃、郊外の公営住宅に到着して、階段で上層階まで上がり、母親にアパルトマンへ招き入れられた。リビングで、出されたコーヒーを看護師と飲みながら母親と話をしていると、パジャマ姿のアダムが姿を現した。アダムの態度としてはオドオドしている印象を受けた。筆者は自身が「ひきこもり」の専門家であり、何か役に立てることがあるかもしれないので訪問したことを伝えた。アダムの母親は、息子の状況について説明し今の状況をとても心配していると述べた。この訪問時のやり取りは以下の通りである。

**筆者**（アダムに）「何か困っていることはありますか？」
**アダム**「いいえ」
**筆者**（アダムの母に）「アダムについて何か考えることはありますか？」
**アダムの母**「仕事せずに自宅にずっといることが心配です」
**筆者**（アダムに）「あなたのお母さんがこう言っていることについてどう思いますか？」
**アダム**「社会に出ることは自分にとってはストレスです。今のままの生活なら心配はありません」
**筆者**「あなたにとっては病院に行くことと社会に出ることが同じなのですね。だから、病院には行きたくないのですね」

アダム「まさにその通りです」

筆者「最近はどのようにあなたは過ごしているのですか？」

アダム「惑星や建物を作ったりするゲームをずっとしていました。六人でオンラインで惑星を動き回ったりすることが楽しいです」

筆者「日本ではしばりプレイとかやりこみ要素というものがあって、たくさんの青年たちがそのようなやり方をしながらゲームにはまっています。ゲームが終わったにもかかわらず、何度も新しい条件を自分に課し、例えば、武器を持たずにゴールまで目指したりするものですが、フランスにもこれは存在するのですか？」

アダム「存在しますし、私もやっています。私は、まさにそういうやり方でゲームをよくやっています」

筆者「あなたはゲームのことをよく知っていますね。あなたの意見が聞きたいのですが、どうして、そういうしばりプレイとかやりこみ要素というものが存在すると思いますか？」

アダム「新たな満足を作りだすためだと思います。一度ゲームを達成しても新しく名前をつけて再出発することができます。例えば行き先が三つに道が分かれていたときAの道を選んで最後まで到達していたとしても、それでも、Bの道を選んでいたらどうなるかを考えて、再び到達を目指します。あとは、最近は課金のゲームも出てきていて中には一日二十ユーロほどつぎ込まないといけないものもあります。自分は課金はしませんけど」

筆者「あなたがはまっているゲームは、日本でもはまっている人が多いので私はその名前を知っていますが、あなたはそのゲームをどうやってやめたのですか？」

アダム「他のゲームに気持ちが移って自然にやめました。あるゲーム自体をやめようと思っても難しいと思います」

筆者「なるほど。そういうことですね。私はもうそろそろ帰らなくてはいけません」

アダム「先生とたくさん話せてとてもよかったです」

筆者「ところであなたが病院に行くことをあなたのお母さんは願っているのですが、あなたが病院に行きたくないのはなぜでしょう？」

アダム「私が病院に行かないのは、自分の状態について満足しているからです。先生はそういう自分を認めてくれるような気がします。また、次もお待ちしています」

その後、筆者は定期的にアダムの公営住宅に訪問診療を続けているが、何度会ってみても思考過程、記憶、知能、感情や気分の状態などに問題となる所見は見いだされず、特に明確で客観的な精神科領域の診断を下すことはできなかった。彼の状態は「ひきこもり」の定義にしかあてはまらなかった。

このようなアダムを前にしたときに、正しい精神病理学的な態度としては、臨床場面で正確な症候を見いだすことに専念するべきであるというものであろう。しかし、せいぜい、アダムはインターネット依存あるいはゲーム依存の状態であるとしか言えない状態であった。さて、アダムは筆者に対して「社会に出ることは自分にとってはストレスです。今のままの生活なら心配はありません」と述べていることに注目しよう。実際に、筆者の訪問前の精神科セクターの症例検討会でアダムのことが取り上げられたときには、そこでの議論は「アダムはうつ病なのか、社交不安障害なのか、あるいは統合失調症なのか」「それらの病気を治療すれば社会に出ることができるのではないか」「アダムは『ひきこもり』であるにしても、いかにして病院に受診させればよいのか」という問いがほとんどであった。しかし、そもそもアダムは、社会参加しないで家に留まっていることが「病院」つまり「医学的治療」と関係づけられて言われること、要するに、自身の状態についてのこうした関係的言説に対して苦痛（アダムは「ストレス」という語を使用している）を感じているのである。そういう意味では、診察室つまり医療を超えた視点による言説、つまり、病院に行くことと社会に出ることを等価にしている言説にも焦点を合わせるべきであると思われたのである。

さらに、通常の精神科診療では専門家のほうが本人の問題についてよく知っているはずであるという想定のもとに診察が行われるのに対して、アダムについてはアダム自身のほうがよく知っている側面もあるはずであるという想定のもとに対話を行った。八年ほどパソコンの前に貼り付いているアダムを何とかして社会復帰させるために医療化することを目指そうとするべきではなく、そういう社会復帰させようという力そのものが本人にとって負担になっているということを本人の思考に沿う形で理解することが重要なのである。それは、つまり、「（しばりプレイややりこみ要素は）新たな満足を作りだすためだと思います」と述べるアダムの自律したあり方をまずは理解することである。それは、快が主体の中で再生産可能になっているということである。本来、主体に自律性がなくなっているところに心的苦痛が生じその苦痛に関して医療を求めるのが普通であると思われるが、アダムのような人物に対しては、医療化自体が本人に苦痛を与えてしまうのではないだろうか。要するに、診察室つまり医療を超えた立場から本人を巡る言説を把握することが、重要なことではないだろうかと思われるのである。

## フランスの「ひきこもり」の精神病理

アダムにとっての快の性質は、本来は他律的なものであるという性質に反していた。二〇世紀の精神医学は、ある人物が性的な快を逸脱した形で制御できない場合には倒錯という形で記述していたはずであったからである。つまり、主体にとって「快」とは他律的なものであるために、どうにも制御できないものであったはずである。そのような意味で、正常な主体であるいわゆる「神経症」と、正常ではない主体であるいわゆる「倒錯」とは、連続しながらも異なる構造をなしていたわけである。

しかし、二一世紀になり、「快」というものが主体にとって自律的なものとして捉えられるようになった。より正確に言えば、そのように捉えることが主流になったために、「依存」の病理というものが、「(本来はやめられるはずであるという前提がありながら) やめたくてもやめられない」主体のある種のパラドックスとして浮かび上がってきたと言える。パラドックスという表現をしたのは、患者は「好きでやっているから放っておいてほしい」という言葉を述べることによって、「快」を主体が手中に収めたような自律のニュアンスを語りながら、そういう主体自身は、依存の対象に身も心もすっかり支配されているという意味（そもそも「主体」と呼ぶことも難しくなる）では自律とは程遠く見えるというパラドックスである。筆者は第2章で、快という、ともすれば意識的で心理的に把握されてしまう用語よりもむしろ、個人を超えた社会や文化の中にも遍在しうる快の「場」としての概念、つまり、メタ心理学的な視点を含めた概念として、ラカン（Lacan, J.）の「享楽」という概念を用いて、二種類の「ひきこもり」の構造論的解釈を行った。そこでは、正常な主体であるいわゆる「神経症」寄りの「ひきこもり」であれば「享楽関係非内在型ひきこもり」として、正常ではない主体であるいわゆる「倒錯」寄りの「ひきこもり」であれば「享楽関係内在型ひきこもり」として記述してきた。そのような意味では、二〇世紀の精神医学の文脈で言えば、アダムは構造論的には後者に位置づけられる主体として解釈することができる。

二一世紀に生きるアダムとの対話を可能にするためには、主体を自律しているものとして捉える時代に我々がいることを認識できる視点を確保する必要がある。それは、決して、アダムが自信に満ち溢れているからではなく、アダムを巡って社会的なレベルで語られている言説（症例検討会でも同様に語られる）がそのようなあり方を示しているからなのである。理想的であるのは、こうした言説のあり方についてアダム本人と共に検討する姿勢である。日本からやってきた第三者的な立場の筆者は、本人を巡るあらゆる言説から自由であり、ましてやイデオロギー化した発言も持たないので、本人と共に検討するのに最もふさわしい立場である人間としてアダムによって受け入れられやすい存在であると言えるだろう。

精神医学が「私」の側面、つまり、個別的な側面を全て捨象した上で成り立っているとされる傾向が近年では特に強くなっているのは、前述した通りである。それは、治療すらもがある種の自律性を獲得したということである。さらに言えば、ある一人の患者に対してどの精神科医が担当しても同じような治療を受けることができるという一般性が獲得されたということである。しかし、アダムは、そのような同一性の物語へと自身が取り込まれていくことを本来的に拒否しているのではないだろうか。それは、本書の序章で述べたように「ひきこもり」が単なる「トートロジー」ではなく、トートロジーの論理に対立する論理を持っていることとも関連していると思われる。

そういう意味では、「私」を捨象することの不可能性を初めから考慮した上での、つまり、パラドックスの観点を含めた上での精神病理学の実践が必要なのではないかと思われるのである。それは、ある特異的な患者について「ひきこもり」という概念を使って一般化しようとする態度とは異なる。特異性と対になっているのは一般性ではなく普遍性であるとドゥルーズ（Deleuze, G.）は述べている。個別性と対になっているのは一般性である。特異性の反復から一般性へと至るところには同一性の罠があり、「ひきこもり」についての言説も同一性の物語へと回収されていくが、そもそも彼らが忌避し彼らを苦しめているのは自身がそのような物語へと回収されていくことでもある。

一方で、誰がいつどこで記述しても同じ記述になるような一般性とは、特異性に対立する概念ではなく個別性に対立する概念である。要するに、患者と筆者との個別的で逆説的な対話（そこでは、筆者の個別的な好奇心、個別的な「欲」も基盤になっている）が一般性を持つ精神病理学にとって必要なのではないだろうか。

そして、筆者も前述したような何らかのイデオロギーや同一性の物語から全く自由というわけにもいかないはずである。例えば、大学生のメンタルヘルスの仕事をしている筆者が、キャンパス内で「ひきこもり」に関する講演をすると必ず受ける質問の一つに、「ひきこもり」を予防するにはどうしたらよいのかというものがある。つまり、「ひきこもり」とは避けるべき事態であるということが暗黙のうちに考慮されている場所で、「ひきこもり」について発言するときには、いつの間にか、こうしたイデオロギーから自由にはなれなくなっていることにしばしば気づかされるものである。それに気づかされたのは、フランスとの交流と臨床経験によるものが大きな役割を果たしたことは間違いないだろう。

## 医療の内側と外側

本人を取り巻くある特定の同一性の物語や「欲」のようなものから自由になれない「私」が、どうしても臨床に入り込んでしまうことが精神病理学にとって重要なのではないかということは、既に述べてきた通りである。近年では「私」を切り離して成立させたいという精神医学が流行しているが、表面的に「私」のみを切り離しても本人を取り巻く同一性の物語や「欲」のようなもののみが入りこみがちな精神的問題も、精神医学の中にはあるからである。こうした同一性の物語が医療の内側と外側でニュアンスが異なる問題もあれば、「ひきこもり」のように医療の内側であろうと外側であろうと同等の力である種の同一性の物語として本人を支配している問題もあるのである。だからこそ、「ひきこもり」のような問題について語るときには、医療の外の領域において本人を支配している言説や言説形成体の力について捉える臨床的態度が必要になる。言説や言説形成体が、反復し始めると、特異的な本人を同一性の物語として支配してますます本人や周囲の人々が動けなくなる場合もある（極端な場合には「彼は『ひきこもり』だから社会に出られなくても仕方ない」という周囲の人に植え付けられた観念になる。しかし、その観念は、そもそも社会に出られない人をそう呼んだわけなので、本来はトートロジー的なものであるはずである）からである。それは、診察室に入ってきてから、どのような「ひきこもり」の症状があるのかを見抜こうとする態度とは異なる。むしろ、診察室に入ってくる前から当の本人を支配している言説形成体の力を読み解く態度が重要になるのではないだろうか。

以上のように考えるならば、最近では患者が初めに診察室に入ってくるなり「あ、この人『ひきこもり』だな」と筆者が直感するまでになってきたが、それは、医療の枠内で「ひきこもり」の症状として現れているものに対して鋭敏に検知する能力を高めたためではなく、こうした医療の外の領域まで支配している言説形成体の力を、医療の外と内の両方を上方から俯瞰して、読み取ることができる視点を多少なりとも経験的に得ることができたということだろう。「ひきこもり」について考えるためにはとりわけこうした力を分析することが重要になると思われるからである。

さらに言えば、そのような力は決して内側からは読み取ることができない。内側というのは、医療の内側であり、ある特定の言語文化圏の内側でもあり、それらの内側からだけではどうしても見えないということである。それゆえに、筆者のように好奇心を基盤にして、フランスのひきこもり青年の家々を次々と直接訪れていると、彼らにとっても筆者の存在は全くの「外部」であるはずであり、その体験の外部性を把握した筆者が得た視点こそが「ひきこもり」を巡る言説形成体の力の読み取りにとって必要で、最終的には本人を同一性の物語から解放することへと至らせることができるのではないかと思われるのである。

さて、以上のような「ひきこもり」の本質的な側面は、哲学的な趣味に陥った末に見いだされたものではなく、次章やその次の章で述べることになる、内側から外側を見るような視点を通して「ひきこもり」に見いだされたものであると言える。

# 第7章　日本のひきこもりに対して何ができるか

「ひきこもり」は、その言葉が日本の社会に出現するようになった一九八〇～九〇年代には、若者の問題とされていたが、約三十年が経ち、当時の若者が四〇代から五〇代、その親が七〇代から八〇代となり、長期高齢化の問題が現れているのはよく知られているとおりである（俗に「８０５０問題」と言われる）。日本では、こうした親子が社会的に孤立し、生活が立ち行かなくなる深刻なケースが目立ちはじめている。二〇一九年の内閣府の推計によれば、四〇～六四歳の「ひきこもり」は全国で推計六一万三千人で、一五～三九歳の「ひきこもり」は全国で推計五四万一千人と、極めて深刻な数字である。これほど多くの「ひきこもり」に対して何ができるのかということを、これまでの筆者の臨床経験に基づいて考えるのが本章の目的である。

本章では、主に日本という文化圏において、「ひきこもり」に対して何ができるのかということについて、「ひきこもり」の状態（ステージ）について立てられるべき治療方針と、「ひきこもり」の病態について立てられるべき治療方針の二つに大きく分けて論じていく。ここで、「治療」という言葉を用いたのは、必ずしも本人の状態や病態を治すためではない。第4章で論じたように、「治療」という概念はある「疾患」に対応する医療上の処置のことを意味しているが、そもそも「ひきこもり」自体は「病い」であっても「疾患」ではない。しかし、これも第4章で論じたことであるが、現実的には、ひきこもりに対して医療的眼差しを向けられることはしばしばありうることであり、それがいかなる眼差しであるのかということがむしろ重要なのである。したがって、医療的眼差しを向けられる限りでの意味としてここでは「治療」という言葉を用いた。まずは、「状態について立てられるべき治療方針」について考えてみたい。

## 状態について立てられるべき治療方針

近藤らにより、全国五か所の精神保健福祉センターにおいてひきこもり始めてから支援開始までの期間についての調査が実施された（表1）。この調査結果によると、二〇〇七～二〇〇九年に受け付けた新規相談のうち一六～三五歳の「ひきこもり」の相談は三三九件であった。また、ひきこもり始めてから支援開始までの期間の平均値は四・四年であり、問題の発現から支援開始までに大幅な時間がかかっていることがわかる。しかも、これは、本人に対する支援ではなく家族の支援を含めた支援開始までの時間を示した結果なのである。五年以上一〇年未満（二一・八％）、一〇年以上（一三・〇％）も相当数存在し、未治療期間が長期にわたっているケースが存在する可能性がある。「ひきこもり」については、ほぼ必ずといってよいほど、相談担当者が初めにそしてしばらくの期間接触できるのは、本人ではなく本人の周囲の人（家族など）になる。つまり、「ひきこもり」は、一般的に本人の受診がすぐにはなされず、まずは家族の相談から始まるということが必然的であると言える。筆者が臨床を行っている大学の保健センターも、基本的に、家族からの相談から始まることが多い。もっともそれは必ずしも常にではなく、精神保健福祉センターに較べて「ひきこもり」本人が家族に秘密にして受診することもしばしばありうる。

こうした状況もあって、日本では、概ね、図1のように、「ひきこもり」の初期から終期（そもそも病気かどうかが常に問いに付される「ひきこもり」においては、寛解期とはあまり呼ばれない）のそれぞれの状態に応じて、家族支援（療法）、個人療法、集団療法の順で支援や治療がなされる。

**表1**　「ひきこもり始めてから支援開始までの期間」（近藤ほか（2010）により全国5か所の精神保健福祉センターにおいて実施された調査より）

| 期間 | 人数 | （%） |
|---|---|---|
| 1年未満 | 55 | （16.2） |
| 1年以上～5年未満 | 165 | （48.7） |
| 5年以上～10年未満 | 74 | （21.8） |
| 10年以上 | 44 | （13.0） |
| 不明 | 1 | （0.3） |

筆者の臨床経験から述べると、家族のみの受診を続けていると、最終的にほぼ全ての事例で本人が診察室に現れる、つまり、個人療法へと移行するように思われる。また、初めから本人が診察室に現れる事例でも、一度は両親を診察室に呼んでおくことが多い。つまり、「ひきこもり」の支援において、家族支援が全ての支援の基礎にあると言える。

そして、次に、個人療法では、いわゆる個人精神療法がなされる。自閉症スペクトラム障害の「ひきこもり」（第1章表2第六軸「ひきこもり」分類の第二群に相当する）であれば、

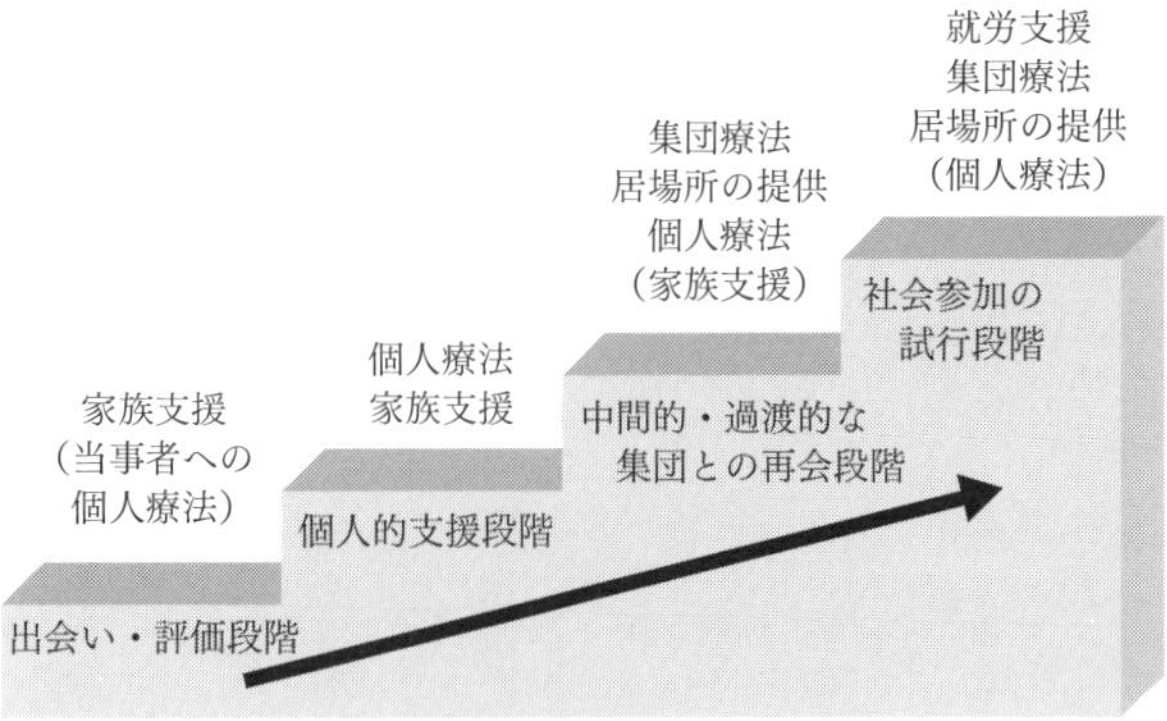


**図1**　ひきこもり支援の諸段階（厚生労働省，2010）

具体的な行動療法や生活指導などを行い、定型発達の「ひきこもり」（同じく第三群に相当する）であれば通常の精神療法を行うが、いずれにしても個人精神療法であることには変わりはないのである。

## 治療の一環としてのグループ活動

そして、次の段階、つまり、集団療法が行われるのは、筆者の臨床経験では、「ひきこもり」が就職のことを考えたときというよりは、どちらかというと他の「ひきこもり」のことを考えるようになったときがきっかけになることが多いように思われる。むしろ、就職のことを考えるのは、集団と出会った後、つまり、集団療法の参加後であるように思われる。

ここで、筆者が、勤務先の大学で開催している「ひきこもり」のグループ活動を紹介しよう。このグループ活動は、月に一回、毎回二時間（語り手のプレゼンテーション一時間半、ディスカッション三十分）の形式で二〇〇八年から継続して開催されてきた。毎回の参加者は一五名前後である。会の参加者一五名のなかには、問題が解決し、就職を実現した学生（もともとひきこもり傾向にあった人である）が二〇一九年度は六名ほど存在していた。もちろんこれは単純にこの会の効果であるとは言えないが、何らかのきっかけになったということは十分にありうることだろう。

プレゼンテーションの形式としては、コレクションの実物を持ってきてその場で披露する学生もいれば、溜めていた写真や動画などをパワーポイントで示していく学生もいる。またモノには頼らず特に語りだけで披露する学生も例年いる。「おすすめの本」などは参加者の間で回覧する形式をとる。語り手がいない場合には、「フリートーク」という形で、参加者各自が一人五分から十分ほどで「今月のプチ自慢」という話題で話をする形式となる。語り手は、一つ前の会から当日の会までの間に、自分のコレクションについて参加者の前で話したいという学生が主にメンバーのうちから募集され決定される。話はしたいが言い出せないという学生も少なからず存在し、こうした学生は、「フリートーク」でごく簡単に自身の趣味について話をした後に、語り手となる決意を固めるのが通常の流れである。

プレゼンテーションの内容としては、絵画、高校野球、料理、折り紙、登山など古典的な趣味から、テクノロジーを駆使した音楽、旅行先で位置情報を利用して写真撮影をして後日の移動マップ作成など現代的な趣味まで様々であるが、最近では、絵画においてもタブレット型コンピュータなどを駆使してデッサンをする「デジタル」の手法を盛り込んだものや、高校野球なども野球そのものというよりはインターネットで例えば応援団の情報を集めるなどの楽しみ方など、古典的な趣味に新しいテクノロジーなどを付加した上での発表というのも見られている。また、ゲームについては様々なジャンル(ロールプレイングゲームRPG、ファーストパーソン・シューティングゲームFPS、ソーシャルゲーム、カードゲーム、パズルゲーム、アクションゲーム、シミュレーションゲーム、アドベンチャーゲーム、シューティングゲーム、スポーツゲーム、レースゲーム、音楽ゲームなど)のものがこれまでに語られてきている(オンラインのタイプのゲームもあればそうではないタイプのものもある)。

ここで取り上げている「趣味」とは、「個別的なもの」であり、「仕事」のような「社会的なもの」とは対立しているように考えられている。だが、趣味こそ、ある種の社会性・公共性のもとに成り立つのではないかと筆者は考えている。実際、「趣味(Interest)」という言葉もラテン語でinter + esse(間に—ある)という語源をもっていて、そこには個人で閉じていない回路が存在する。ヨーロッパにおいて、それまで個人の所有物である趣味的なコレクションであったものが、一七世紀以降、近代化の流れと共に、公共性を持つ博物館へと姿を変えた系譜について、歴史人類学者のポミアンはそこにある種の必然性を見いだしている(Pomian, 1987)。つまり、我々の言い方に引きつけて言えば、本来は趣味は集団という公共性へと自然と結びつくような構造になっているのである。

筆者も、こうしたグループ活動を「私の仕事」として行っているのだろうか。実際のグループの中では、「私の趣味」という「個別的なもの」を媒介としている以上、筆者も古書の収集家であることをグループのメンバーに伝えている。収集している古書とは、専門の精神医学の文献だけではなく、小説、博物学、思想書など和洋の本なども含まれるが、中には一六世紀初頭にイタリアで出版された神学書のような五百年以上前の稀覯書や、一八世紀や一九世紀にフランスやイギリスで刊行された挿絵入りの図鑑や小説なども数多く所有している。筆者の書斎の奥で鎮座しているそれらの本からは、普通の新しい本からはあり得ないような歴史の重みがひしひしと伝わってくる。こうした話をグループ内ですることによって、「私の趣味」という個別的なものがある種の社会性・公共性という一般性へとつながっていくことが他のメンバーにとって重要な体験となっているのである。

この活動は、確かに、医療としての集団療法のようにみえる。実際に、筆者もこの章の治療という枠組みで論述をしていることからも、そう見えるように思われる。つまり、一旦停滞してしまった人を医療の対象として扱い、治療の一環として、社会とのつながりを回復させる目的で集団療法を行うという、ある種の医療行為のような捉え方である。確かに、見方によっては、結果としてそのように見えないわけでもない。だが、本来の意義としては、停滞しつつある人をむしろ医療の側に引き受けさせてしまう前に、ひきこもっている青年でも大抵の場合持っていることが見いだされたある種の「力」を利用して、医療化を防ごうというものである。これが大学の外の医療機関になってしまうと、やはり大学からその医療機関に「治療を依頼した」というニュアンスになってしまうし、何よりも本人の中にそのような意識が生じてしまうので、大学の中でできることはしてしまうほうが望ましいと思われたのである。しかも、こうした「ひきこもり」の場合、「ひきこもり」の原因は、知との関係つまり大学との関係で起きていることが多いので、むしろ大学の中で何とかしてしまうほうが望ましいのではないだろうか。それゆえに、本節が「治療の一環としてのグループ活動」というタイトルになっていることには矛盾もあるが、その逆説性こそがこの活動の本質でもあると言えるだろう。開催場所にも工夫を凝らしている。大学の敷地の中でも、周辺部よりは、中心部のほうが、参加している本人に「(マージナルな場所ではなく)中心で活動している」という意識が生まれるので、あえて地理的にもキャンパスの中心で開催している。これがキャンパスの周辺部での開催になってしまうと、今度は、心理的に、キャンパスの中心部にまで戻る道のりそのものが「壁」になってしまい、さらに、社会との断絶を広げてしまい逆効果になってしまう。つまり、活動が行われる場所も重要なのである。

さらに、ひきこもっている学生もしくはひきこもりつつある学生ばかりで会が構成されてしまわないほうが望ましい。「ひきこもり」ではない学生で少し他の人を圧倒させるような趣味を持っている人が参加していることも重要であり、またそういう学生とひきこもり傾向にある学生を区別しないことも重要である。

こうした考えの背景には、「ひきこもり」を医療化すること自体が、かえって、本人の社会との隔絶を広げている場合があるのではないかという考えがある。こうした医療化の方向性とはむしろ反対に、「ひきこもり」のある種の「力」を利用して、社会とのつながりを回復させようとするのが目的である。ただ、全ての「ひきこもり」に対して医療化を認めないのではない。むしろ、医療の対象になる「ひきこもり」の一部にも会に参加してもらっている。メンバーの中には、あくまで集団療法のような効果を期待して、参加してもらっているひきこもり青年もいるのである。つまり、このように、医療化そのものを防ごうとしている「ひきこもり」と、集団療法の枠内で参加してもらっている「ひきこもり」を区別しないことも、グループの重要な役割なのである。

グループ活動は、時折、参加者間に影響を与える「触発」がそれと意識しないうちに起こる場であって、特定の趣味を強要する場ではない。会は、参加者同士の転移がゆるやかに起こる場、参加者同士の相互的な触発が生起する可能性を与える場である。したがってこれは、厳密には、治療ではなく、ひきこもっている学生やそうではない学生を、分け隔てることなく、むやみに医療の対象としない活動であると言ったほうが正確だろう。

それには、グループ活動のテーマの多様性も必要である。これまで登場したテーマは百五十種類以上であった。重要なのは、グループ活動が特定のテーマの流れになってしまうことを避けることである。一つのテーマに限定されてしまうと、そのテーマの会となり、あらかじめ決められたような「物語」が会を支配してしまい、そのテーマには縁のない「ひきこもり」（大抵はそうした「ひきこもり」のほうが多い）が参加しにくい雰囲気を醸し出してしまうからである。

メンバーの多様性も重要である。六年以上長く参加し続けているメンバーもいれば、参加しても一回で終わるメンバーもいる。参加は全く自由であり何の強制力もない。一年以上ブランクがあって再び顔を出したひきこもり青年を自然に受け入れる雰囲気も常にある。入口も自由なら出口も自由である。参加の仕方に常に柔軟性があることもとても重要なのである。

また、この会が大学組織の内部で行われていることにも重要性がある。これが大学の外で行われるとしたら、同じような効果は生み出さないだろう。どこか大学とのゆるやかな「転移」関係を保ちつづけることも、メンバーにとっては必要なことである。

「趣味」の手段にも多様性がある。モノを販売している店舗や展示している博物館などに実際に出向くだけが「趣味」ではない。インターネットなどのメディアを通して趣味に触れるのももちろん趣味である。ある趣味の発表の情報収集源はインターネットが主であることもしばしばであり、だからこそ並大抵ではない情報量の多さを参加者に提示することができたのである。

趣味の内容の差にも優劣はつけない、ということも重要である。古典文学の読書が高尚でマンガはそうではないということはなく、映画観賞が高尚でインターネットで動画を見る趣味がそうではないということもない。趣味と呼ばれているのは、どんな内容であれ、自分ではどうにもならないくらいに抜け出せないという意味ではどんな趣味でも大差はないという雰囲気が、特に明言されなくてもグループの中にあると言える。

また、趣味の内容や手段の多様性だけではなく、「趣味」という行為に対する態度の多様性も必要である。初めのころは、会に参加しないメンバーの中には、「自分は趣味なんかない。興味ない」と参加を望まない学生もいた。だが、そのようなイメージをひきこもり青年に持たせてしまうことが、会の構造として、多様性とやや離れてしまったところにあるのではないかと考え、「無―趣味（趣味はない）」あるいは「反―趣味（趣味は持ちたくない）」のひきこもり青年たちもあえて希望があれば参加してもらい、そもそも自分たちはなぜ趣味を持たないのかということを語ってもらったこともあった。また、「話すことはない」という学生には、聞いてもらうだけで十分である。彼らの中には、一年間、会に参加しながら「聞き手」として待機していて、あるときから、おもむろにそれまで明かさなかった自分の趣味について語りだした「ひきこもり」もいた。このように、彼らが語りだすのをじっと待つ姿勢も重要である。これは、「自己アピール」なるものを重視することが当たり前になっている風潮とは真逆であるが、そうした風潮こそが「ひきこもり」を生み出している社会文化的な側面もあるとも言えるので、この姿勢こそが会のある種の命運となっていると思われるのである。

## 病態について立てられるべき治療方針

「ひきこもり」は精神科において、第1章で論じてきたように、病態から、統合失調症、気分障害、不安障害などを主診断とする「ひきこもり」（第一群）、広汎性発達障害や精神遅滞などの発達障害を主診断とする「ひきこもり」（第二群）、パーソナリティ障害（ないしその傾向）や身体表現性障害、同一性の問題などを主診断とする「ひきこもり」（第三群）に分類される。これは前述してきた状態からみた治療方針とは方向性が異なるものである。この分類はとても臨床的で実践的な分類であるが、筆者は第三群の「ひきこもり」をさらに臨床的で精神病理学的な観点から二つの群に分け、治療の方向性の差異について指摘している（古橋忠晃、2017）。この精神病理学的な二つの群の差異については、第2章で詳細に論じた通りである。一方の群は、自身のひきこもり状態について違和感を持っているタイプで「享楽関係非内在型ひきこもり」と名づけられ、もう一方の群は自身のひきこもり状態について違和感のないタイプで「享楽関係内在型ひきこもり」と名づけられたものである。

まず、「享楽関係非内在型ひきこもり」については、主体にとって個人が「享楽」へとより近づくとは言ってもそれでもやはり神経症的な機序が残存しているので、原則として、個人精神療法が有効になる。精神療法は、ひきこもり青年と「享楽」との間の「裂け目」を巡ってなされる主体の作業となる。さらに、ある程度改善してきたところで、集団療法も適応となるのは、前述した「状態について立てられるべき治療方針」にそのまま従うものである。

一方、「享楽関係内在型ひきこもり」については、個人を精神療法によって治療していくことには限界があり、家族療法を取り入れることが治療の一つとなりうるが、重要なのは本人を「ひきこもり」へと導いているファクターについて本人の周囲が見極める作業である。本人にとっての「社会」が、本人の「享楽」との一体化に協力的なあり方を示すことが「享楽関係内在型ひきこもり」の特徴である。つまり、精神医学自体が本人を「ひきこもり」に位置づけて、そのことで本人が納得してしまうことが、「享楽」との一体化を推し進めているのかもしれない。「治療」といっても、このタイプの場合、本人の環境や治療をつかさどっている医療自体が本人を「ひきこもり」へと導いているファクターの一つをなしている可能性がある。むしろ、治療者がこうしたファクターをどのくらい意識できるのかということが重要なのではないだろうか。また、「享楽関係内在型ひきこもり」を、主体が完全な想像的同一化を成し遂げてしまい主体性が消失している「普通精神病」という観点から見るならば、社会参加を「ひきこもり」の治療目標にした場合に困難が生じることになる。なぜなら、ひきこもっている状態が精神病症状の発現を防いでいるところに、社会参加を目指すことによって、それまでなかった症状が出現する可能性があるからである。要するに、「享楽関係内在型ひきこもり」は「治療の方向性」そのものが問われなければならないタイプであると思われる。病態としては第三群であっても対処としては第二群としての対処になるというほうが正確だろう。

### 「趣味」という「画面」へ

「状態について立てられるべき治療方針」と「病態について立てられるべき治療方針」とを分けて論じてきた。だが、実際には、それぞれの病態にそれぞれの状態があるので、この二つを切り離すことはできない。第一群から第三群まで、全て、「状態について立てられるべき治療方針」に従いながら、それぞれの病態に応じつつ、精神療法を重視するのかあるいはそうではないのかという方針が、つまり「病態について立てられるべき治療方針」が決まってくると思われる。

さらに、本書第3章で論じたような「画面」は、本章では「ひきこもり」にとっての「趣味」という役割を果たしていると思われた。つまり、ひきこもり青年は、よく言われるように、単に「趣味」に没頭しているのではなく、「趣味」という「画面」を通して社会とつながろうとしているのではないだろうか。同様に、第III部で論じることになる「ごみ屋敷」の住人も、「ごみ」を集める迷惑な存在ということではなく、「ごみ」を通して社会とつながろうとしており、そのことは「ひきこもり」に対して何ができるか、という問いと深く関わっていると考えられる。

以上の点をふまえて、次章では、「ひきこもり」という呼び名は共通しているが、第5章で既に論じたように海外と日本では「ひきこもり」に対する見方がそもそも異なる以上、海外とりわけフランスにおいても果たして日本の「ひきこもり」と同じ対処法でよいのだろうかということについて、考察してみたい。

# 第8章　海外のひきこもりに対して何ができるか

最近では、日本だけではなく、韓国などアジアの先進国、そしてイタリア（Aguglia, et al., 2010; Ranieri, 2015; Ranieri and Luccherino, 2018）やスペイン（Garcia-Campayo, et al., 2007）、フランス（Furuhashi, et al., 2013; Furuhashi and Vellut, 2014; Furuhashi and Vellut, 2015; Furuhashi and Bacqué, 2017; Chauliac, 2017; Furuhashi, 2021）など、ヨーロッパの各国の「ひきこもり」の出現についての報告も登場しつつあることは、既に第5章で述べてきた通りである。それでは、各国で出現した「ひきこもり」に対して何ができるのだろうか、どのように対処するべきなのだろうか、そもそも対処するべきなのだろうか、さらには、前章（第7章）で述べてきたような日本と同様の治療方針がそのまま海外の「ひきこもり」に対して適用できるのだろうか、ということが、本章における問いである。

この問いに関して、筆者は、日本と同様の治療方針がそのまま海外の「ひきこもり」に対して適用できるとは考えていない。それは、これも第5章で述べてきたように、「ひきこもり」そのものの見方に対して、海外と日本ではそもそも異なるために、治療あるいは対処の方向性が異なってくるので、原則として、その国の医療や福祉制度に沿って扱われるべきであると考えられるからである。そこで、本章では、筆者の専門である、ヨーロッパの中でもとりわけフランスの「ひきこもり」に対して、どのように対処するべきだろうかということについて考察してみたい。

## フランスの医療制度と「ひきこもり」

筆者は第2章でいわゆる「ひきこもり」を臨床的で精神病理学的な観点から二つの群に分け、治療の方向性の差異について論じてきた。一方の群は、自身のひきこもり状態について違和感を持っているタイプで「享楽関係非内在型ひきこもり」と名づけられ、もう一方の群は自身のひきこもり状態について違和感のないタイプで「享楽関係内在型ひきこもり」と名づけられたものである。フランスで筆者が、臨床場面で出会う「ひきこもり」はどちらかというと後者のほうが主流であり、自身の「ひきこもり」について肯定的であり、さらには、一つの生き方（mode de vie）であると納得していることが多い。特に悩みがあるわけではないので、自分から治療の場に訪れることは少なく、フランスで伝統的に存在しているセクターの形式による訪問診療が、つまり、医療の側から本人の家に出向く形式の医療が有効であると思われるのである。もちろん、日本でも、「ひきこもり」が治療に自ら訪れることは多くはないわけであるから、アウトリーチなどの形式による訪問診療の形での治療システムが待望されているわけであるが、当の日本の「ひきこもり」は自身が「ひきこもり」であるということに納得している人がフランスに較べて少ない印象があり（つまり、「享楽関係非内在型ひきこもり」が多いと思われる)、そもそもフランスのような訪問診療の形式では本人はほぼ間違いなく訪問者を拒絶すると思われる。それでは、フランスのセクターの形式による訪問診療について説明しよう。

本書で何度か触れたように、一九六〇年代からフランスには精神科セクター制度という、フランスの地区割り精神医療・福祉体制が伝統的に存在している。全国で約八百の成人精神医療セクターと約三百の小児・児童精神医療セクターがあり、それぞれのセクターには医療心理センター(Centre Médico-Psychologique)が備えられている。一九五八年、フィリップ・ポーメル(Philippe Paumelle)がパリ一三区にセクター組織を確立したのが始まりである。一セクターは六万七千人の住民の住む地域で成り立っており、医療費は県から支払われ、完全に公費で賄われる。病院外の治療の組織化が基本の精神であり、精神科医、ソーシャルワーカー、看護師、秘書とパート勤務の医師一人でチームが構成される。精神科訪問診療などもこのチームで行われている。要するに、その地域の中に居住する住民のメンタルヘルスは、その地域でメンタルヘルスの中心となっている医療心理センターが対応しているのである。こうした精神科セクター制度が、一九六〇年代のセクター制度設立当初から現在に至るまでフランスの精神科医療制度の原則として機能し続けている。このことによって、治療の時間的・空間的連続性が保たれ、精神医学の公的サービスを求めるすべての患者を引き受けることができるようになる。精神疾患の慢性化によって長期入院になることを防ぐこともできるのである。この制度の長所としては、比較的狭いエリアを対象とするので住民の必要としているものを把握することができるが、一方で、セクター内で治療を完結しようとするためにより専門的な治療が難しくなるという短所もあると言える。

一九九〇年頃からは、フランスの精神科セクター制度において不安定（précarité）な状態にある人（プレカリアート）も対象とするようになってくる。「不安定」とは、一九六〇年代に政治用語として出現して、しばらくはジャーナリズムで使われていたが、その後、一九九〇年代になり経済的破綻の状態にある青年を社会経済的に記述する用語となった。具体的には、公衆衛生上の問題（エイズ、肝炎、依存（アルコール、大麻、ニコチンなど））や、社会的困難者、個人の内的空間の危機（家庭内暴力、性的虐待、ハラスメント）、カタストロフ（洪水、地震、テロなど）に陥った人のことである。こうして精神医学が新たな広がりを見せたといえる。第5章で既に述べたように、フランスの「ひきこもり」は、移民の就職難や失業などだけではなく、失恋や学業の失敗などのような、関係性の「失敗」に起因していることが多いことからも、フランスの精神科セクター制度の対象に、不安定な青年として「ひきこもり」を加えることは、極めて自然なことなのである。

以上、フランス全土に敷かれている精神科セクター制度について説明したが、前述したように、専門的な問題に対応することには難しさがあるので、ある特定の専門的問題に対処するために複数のセクターにまたがる地域をカバーする形で、精神科訪問診療が行われることがある。二〇一六年から数年にわたって筆者が定期的に講演や議論を行ってきたリヨン第一大学の自殺予防センター部門では、テラ（Terra, J.-L.）が中心になり、疾患に関係なく（診断がそもそも下されないケースも少なからず含まれる）、自分からは受診しないが社会的なニーズとして受診を要する事態について、プシモビル（psymobile）と呼ばれるチーム医療の形で自宅を訪問しており、その活動の効果についての研究を行っている。その中で、実際にプシモビルに要請された上位五項目としては上から順に「行動障害（Troubles du comportement）」、「閉じこもり（Repli）」、「近所トラブル（Trouble du voisinage）」、「自殺リスク（Risque suicidaire）」、「堆積（Entassement）／無関心（Incurie）」が挙がっている。このうち、「堆積／無関心」は、第III部で俎上に載せることになる「ごみ屋敷」の住人に焦点を合わせた状態のことである。元来、自殺予防を目的として作られたチームではあるが、第二位の原因の項目として、「閉じこもり」という「ひきこもり」の状態にある青年の対応をしていることはとても興味深い事実である（Terra, 2015, 図1）。図2は、プシモビルの要請元を示した図である（Terra, 2015, 図2）。上位三項目は、「家族や身近な人（Famille et entourage proche）」、「ソーシャルワーカー（Travailleurs sociaux）」、「医療心理センター（Centre Médico-Psychologique）」などである。Terra（2015）によれば、こうしたプシモビルの制度を構築する際には、筆者らのフランスにおける「ひきこもり」の出現を指摘した論文（Furuhashi, et al., 2013）を参考にしているという。

ここで、筆者がリヨン第一大学の自殺予防センター部門で講演会（二〇一八年六月一日）をしたときのチームのスタッフたちとの議論を以下に紹介しよう。ヨーロッパの中でもとりわけフランスの「ひきこもり」に対してどのように対処すべきだろうかということが、多少なりとも見えてくると思われるからである。

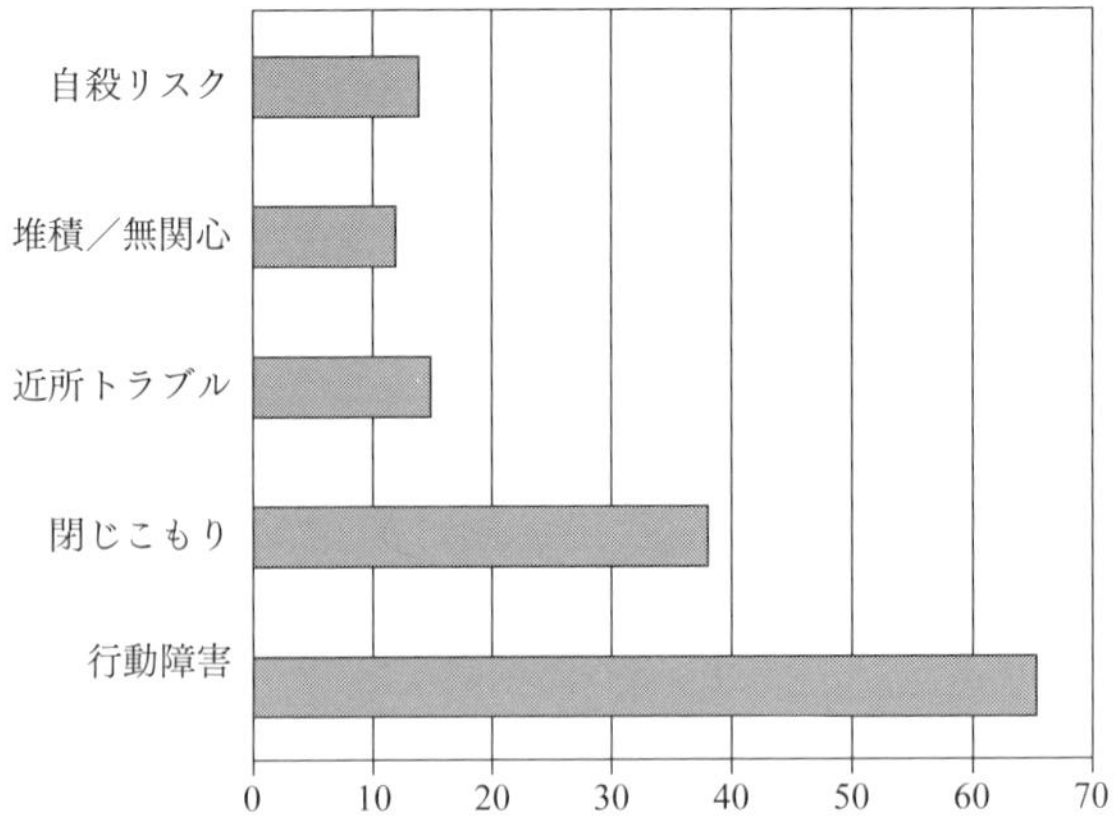


**図 1**　リヨンのプシモビルチーム要請の原因になった諸問題の件数（Terra, 2015）

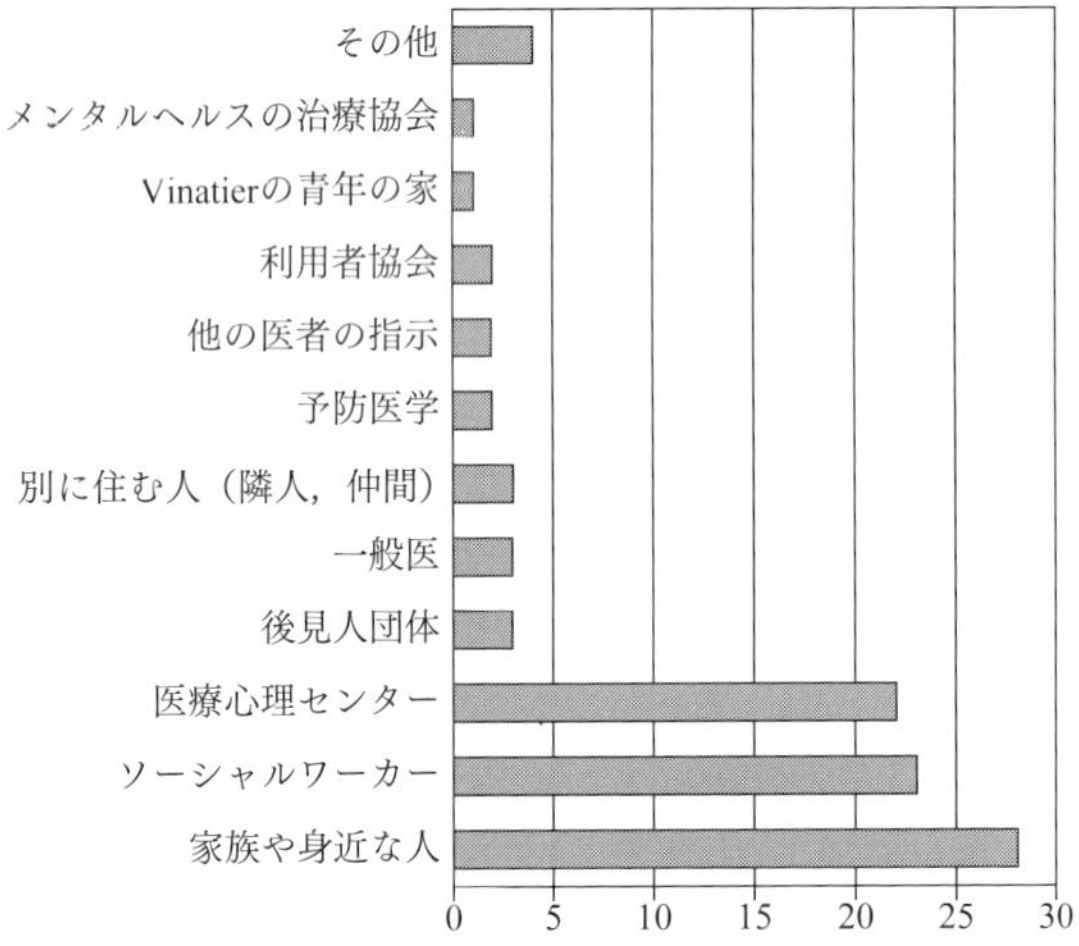


**図 2**　リヨンのプシモビルチーム要請元（Terra, 2015）

プシモビルのスタッフ「日本では、本人が自ら受診しなくとも、家族の希望がある場合は、自宅までこちらから出向いて診療することはありますか？」

筆者「日本の精神医療の制度としては訪問診療制度は確立されていません。しかし、家族の要望があるのは確かです。日本の精神医療においてはこちらから訪問する時間や人手がないのが現状です。一旦、ある『ひきこもり』との治療関係が続いたあと、実家に戻るなどの理由で、診察に通えなくなった場合に電話診療に切り替わることはあります。ファーストコンタクトから電話診療というのは、本人が自ら電話してくることもない以上難しいのです。それではどうやって治療関係を確立すればよいのかについて、私はフランス語で論文を二〇一五年にアドレッサンス（Adolescence）誌に書きました」

スタッフ「私はプシモビルチームの臨床心理士ですが、精神療法を行う場合に何をテーマにするのかということが問題になると思います。あなたは日本の『ひきこもり』の治療では何を話題にしているのでしょうか？」

筆者「それはとても重要な問題です。もちろん、普段彼らが行っているゲームの話もよくしています。それ以外にも、例えば、私は、フランスにこうやって一ヶ月半ほど滞在していますが、これは日本の医師にしてみたらとても難しいことです。日本の医師にはフランスの医師のようなバカンスがありませんので。ですから、ここフランスで私が何をしているのかということについて、私の治療している『ひきこもり』と議論したりもしています。さらに、帰国してから何がフランスで起きていたのかについて議論するのです。そもそも『ひきこもり』は文化的な側面があるので、フランスから見ると日本の『ひきこもり』はどのように見えるのかということが重要で、そのことについて日本の『ひきこもり』とも議論しています」

**スタッフ**「私はプシモビルチームの専属の精神科医ですが、日本の『ひきこもり』は自身の状態について苦痛を感じているのでしょうか？　というのも、あなたが提示されたフランスの事例のように、社交不安障害の人で、外出できないことを苦痛に感じている人もいますから。また、もう一つの質問ですが、あなたが提示された別のフランスの事例のように外出できる人も日本の『ひきこもり』の中にいるのでしょうか？」

**筆者**「とても重要なご質問をありがとうございます。一つ目のご質問ですが、まず『ひきこもり』はそれ自体では苦しむことはなく、二次症状などで苦しんでいます。私の提示したフランスの事例については、彼は以前は社交不安障害ではあったのですが、今は十年以上ひきこもって、それで今では社交不安障害はほとんど消失しています。さらに、彼は成人障害者手当（allocation adulte handicapé）を受け取っています。そうなると、苦痛もある意味ではほとんど感じていないようです。さらに外出する必要がないと感じているようです。二つ目のご質問ですが、もう一人のフランスの事例のように外出できる『ひきこもり』の話ですね。『ひきこもり』は空間的な問題ではないので原則的にはもちろん外出できます。旅行もできます。しかし、『ひきこもり』は外出してもひとりでによくなることはありません。外出すると誰かとの出会いがあるので、その出会いによってよくなることがあります。外出を促すのは誰かに出会う機会を作るためです」
スタッフ「それでもその人はその旅行から帰ってくると再びひきこもるのではないでしょうか？あるいは、『ひきこもり』が改善して社会に出て行くことができるのでしょうか？」
筆者「私が『ひきこもり』の人にこうした外出や旅行を促すと、それらの計画が『ひきこもり』の人にとって必然になってしまい、かえってプレッシャーになってしまいます。ですから、こうした計画が本人の中で持ち上がるのも、必然ではなく偶然でないといけません。さらに、誰かと出会うために外出や旅行に出かけるよう仕掛けるとそれが必然になってしまうので、誰かとの出会いも偶然であることが重要です。『ひきこもり』が改善するには偶然のほうが必然よりも重要です」
スタッフ「日本の『ひきこもり』における薬物の使用について質問したいです」
筆者「日本では「ひきこもり」において薬物を使用している人はフランスに較べて少ないと思います。ここフランスで『ひきこもり』の家を訪問すると、部屋に大麻の臭いが残っていることがしばしばあります」
スタッフ「それはとても興味深いです。『ひきこもり』における依存の問題ですね。日本では大麻よりもインターネットのほうに『ひきこもり』がより没入しやすいということですね。フランスでも大麻依存の初期の頃から、社会的繋がりを欠いて、孤立する現象が見られます。大麻は、『ひきこもり』の状態を維持する手段になっているようです」

スタッフ「ところで、あなたは、フランスで『ひきこもり』の訪問診療をしていて、彼らと何を話しているのですか？」

筆者「彼らが没入しているもの、それはゲーム好きの人であればゲームの話を、インターネットの動画好きの人であれば動画の話を、旅行が好きな人であれば旅行の話をします。それ以外にも、日本ではあまりしていないのですが、フランスの『ひきこもり』に対して、一週間分の日記を渡してそれを次回の訪問時に受け取って本人と一緒に見て、話題にしています。『ひきこもり』の中には日記の記入を拒否した人はいませんでした」

スタッフ「日記というのはとてもいい考えですね。外部からではなく、第三者からでもなく、内部から観察する感じですね」

筆者「『ひきこもり』の原因の一つに周囲の『過剰な期待』というものがありますが、私（筆者）は彼らに良くなって欲しいと望んでいるわけではない、ということが重要です。私の立場は独立しています。そのような第三者から見られていることが治療としては重要なわけです。あるストラスブールの『ひきこもり』の日記をご覧いただくとわかりますが、これは同時に、母親によっても記入されるわけです。母親のほうが本人よりも詳しく書いているのがわかります。母親は息子がパソコンに貼り付いている事実しか知りません。しかし、この日記によって、私は息子がパソコンで何をしているのかを具体的に知ることができますし、彼の母親が息子に何を期待しているかということも第三者の立場だからこそ読み取ることができるのです。さらに本人が日記を書くことで、内部によってと同時に、第三者によって観察されることで、治療的に効果が生じるのです」

**スタッフ**「なるほど」

**筆者**「それでは逆に質問ですが、皆さんは、自宅に訪問をして何をしているのですか？」

**スタッフ**「それは、三つの時期に分かれて、それぞれの時期で異なります。第一の時期は、ファーストコンタクトですが、周囲の人から聞き取りをして、状況を整理して、緊急性がないかどうかを把握します。そして、第二の時期では、本人に会うことを試みます。第三の時期は、本人についての評価をまとめて病院へ繋ぐかどうかなど今後どうするかを決めます。そもそも本人が受診に赴くかもしれませんし、受診しなくても、継続して訪問する必要があるのかどうかもプシモビルのチームで議論します。第一の時期では周囲の人との連携も重要になります。以前に、本人が訪問を拒んでいた『ひきこもり』のケースで、親との関係が非常に悪かったのですが、しかし、リヨンから遠く離れて暮らす伯父を彼が信頼していることがわかったので、本人のことを心配しているその伯父に連絡をして、伯父の仲介で本人の訪問をしたことがありました。さらに、第三の時期では、精神科医は例えば、『ひきこもり』などの症状があった場合に、それが統合失調症の陰性症状なのかどうかを検討しつつ、背後にある疾患を想定しながら、もし必要があればその対処をすることになります」

**筆者**「ストラスブールでもそうなのですが、閉じこもっている人たちの中には背後に疾患がない人たちがいます。その場合は、『ひきこもり』と一つの生き方（mode de vie）とを区別することが難しくなることが多いと思います。そのような人についてはどうしたらよいのかという問題が出てくるでしょう」

スタッフ「我々が訪問するときには、やはり、精神医学的診断というものがどうなのかということが問題になりますが、『ひきこもり』というのはそもそも精神障害であると考えるわけですか？」

筆者「いえ。むしろ、『ひきこもり』の人に『あなたは正常ですよ』ということも時として重要になることがあります。一つの生き方としてひきこもっている人の安易な医療化を塞ぐことも重要になることがあるのです。『ひきこもり』の中には、心的エネルギーがあるにもかかわらず、慢性うつ病と診断され、大量の抗うつ薬が長年にわたって投与されて、それでも解決せずに、長年にわたって『ひきこもり』の状態が続いている人がいます」

スタッフ「日本には、『ひきこもり』の訪問診療制度がないから、『ひきこもり』がますます放置されてしまうのでしょうか？『ひきこもり』の第一世代、第二世代と続いていきますね。さらに親が死んでも続くのでしょうか？」

筆者「そうですね。日本の『ひきこもり』の平均年齢は上がっていて、今は約三五歳になっていると言われていて、深刻な問題になっています。その問題の解決のために、ここフランスで行われているような訪問診療制度はとても重要だと思っています。もちろん日本の医療を変えることは難しいのですが、『ひきこもり』にとっては意義のある制度だと思います」

以上が、リヨン第一大学の自殺予防センター部門で筆者がプシモビルという訪問精神医療のチームのスタッフと議論したときの内容である。ここで重要になるのは、「ひきこもり」の対応には、日本であれフランスであれ、必然性よりは偶然性が重要であるということ、過剰に本人に対して期待をしてさらに本人を閉じこもらせてしまう家族よりはそのような「期待」から完全に独立した第三者の存在が鍵になるということ、しかし、そのような第三者の存在も「外」からでは本人にアプローチできないので、「内」からアプローチする必要があることなどであった。

さらに、フランスには訪問診療制度が精神科セクター制度の重要な機能の一つとして既に存在しているので、新たに「ひきこもり」に限定した対応システムを構築までする必要はないのではないか、むしろ、日本の「ひきこもり」のあり方の本質をフランスに既存の診療制度に取り入れればよいのではないかと思われた。

## フランスに「ひきこもり」のグループ療法は導入可能か

それでも、日本には存在してフランスには存在しない「ひきこもり」の治療システムがある。その一つは、第7章で論じた、筆者が日本で実践している集団療法としてのグループ活動である。筆者自身が監修してフランス依存協会（ストラスブール）の中に開設された「ひきこもり」家族相談窓口の相談員向けに、筆者がその活動を紹介した議論の内容を以下に示そう（二〇一八年二月二二日）。

「ひきこもり」相談窓口の相談員「このグループは学校に行かない人が対象になっているのでしょうか？　中学生や高校生も対象になっているのでしょうか？」

筆者「日本では中学生や高校生で学校に行かない生徒は、どちらかというと『ひきこもり』と呼ばずに『不登校（futoko）』と呼ばれています。それは、『不登校（futoko）』の場合は社会とまでは切り離されておらず、学校と切り離されているだけの可能性があるからです。しかし、『ひきこもり』は学校よりはむしろ社会と切り離されているので、それをこのグループ活動によって回復させようと試みているのです」

相談員「私は精神科医です。あなたが個人療法からこの集団療法としてのグループ活動に移行させるのはどのようなときですか？そこで何が起きているのですか？」

筆者「それは、とても大事な質問です。『ひきこもり』の治療をしていると、『ひきこもり』の青年が他の『ひきこもり』のことを考える時が、つまり、他の『ひきこもり』は何をしているのかと考えるようになる時がやってくることがあります。その時があれば、彼らにグループ活動を紹介するのです。『ひきこもり』の治療を続けているとそのような機会が訪れることがしばしばあります。それには三年や四年かかることもあります」

相談員「私は心理士です。ここでも、ある種の治療として依存症の患者の統合をもたらすために、アトリエを使った治療をしていますが、それについてはどう思いますか？」

筆者「『ひきこもり』に自分自身の『ひきこもり』について他の『ひきこもり』たちの前で語って

もらうことは難しいですから、むしろ、自分自身以外のことを語ることがよいと思うので、そういう意味ではその機能は日本で行っているグループ活動の機能に近いのかもしれません。逆にこちらからの質問ですが、ここに通っている薬物依存の患者さんは自身の依存していることについて他のメンバーたちに語ることはありますか？」

相談員「それも常にあります。珍しいことではありません」

相談員「ところで、このような独創的なコレクションをテーマにしたグループの運営がどうして可能なのでしょうか？」

筆者「それはとても重要なご質問です。それは実は私が洋古書のコレクターだからです。グループの中では私もコレクターとして参加します。治療者の立場では参加しません。治療者として参加すると、『ひきこもり』の人にとっては、その会が、社会との回復を目標にしていると捉えられてしまうので、それがかえってプレッシャーになってしまうからです。私もコレクターであるということが、会にとっては重要なことです」

相談員「『ひきこもり』向けの会であるとアナウンスしているのですか？」

筆者「それは違います。ホームページに掲載して、『ひきこもり』ではない人も入ってくることができるようにしています」

相談員「この会のサイトを見ると旅行に行っている『ひきこもり』がいるようですが、どういうことですか？」

筆者「『ひきこもり』は空間的な問題ではありません。最近、『そとこもり（Sotokomori）』という概念も私は提唱しています。『そとこもり』は、retrait à l'extérieur と訳すとよいと思います。『ひきこもり』の中には家にこもるのではなく、旅行ばかりする人もいて、例えば、インドネシアやベトナム、タイなどを訪れる若者の中にはそのような傾向で考えることができる人がいます。『そとこもり』でも『ひきこもり』です。いわゆる、「ひきこもり」は retrait à l'intérieur なのでしょう。つまり、『ひきこもり』は必ずしも空間的にひきこもることではないのです。ですから、旅行に行く『ひきこもり』もありうるのです。旅行から帰ってから、グループのメンバーに対して旅行報告記のようなことをしていただくこともしばしばあります。あなたがサイトで見たのは、その報告記だと思います」

以上が、フランス依存協会（ストラスブール）の中に開設された「ひきこもり」家族相談窓口の相談員向けに、筆者が日本で展開されているグループ活動について紹介して議論したときの内容である。その後、この窓口では、将来的に、フランスで日本と同様のグループ活動を開催しようという計画が持ち上がっている。その際には、もちろん、筆者は治療者ではなくコレクターとして参加するのか検討しておく必要があるだろう。それは要するに、日本であれフランスであれ、「ひきこもり」は社会からの圧力を強く感じているので、治療者の立場でプレッシャーを感じさせるよりは、コレクターの立場のほうがプレッシャーを感じることが少ないと思われるからである。

いずれにしても、フランスでは「ひきこもり」の家族療法や個人療法が最近ようやく立ち上がったばかりなので、集団療法などはまだこれから議論になるところである。さらには、「ひきこもり」は、空間的な問題であるとフランスでは考えられてしまいがちなので、その本質は社会参加できない（しない）ことであることを再確認しておくことも、その文化や国における対処法や治療法を考える上で重要なことであった。

### フランスにおける「ひきこもり」の治療システム

フランスにおいては、「ひきこもり」に特化した訪問診療であれ、集団療法であれ、フランスに既存の治療システムを援用できるのではないか、日本から新たに「ひきこもり」の治療システムを導入までしなくてもよいのではないかと思われる。むしろ、反対に、フランスにある訪問診療制度を日本に導入したほうが本質的に自ら受診しない性質を持つ「ひきこもり」には本来的にはよいだろうと思われる。いずれにせよ、「ひきこもり」の日仏のあり方の違いを知った上でないと既存の治療システムを導入することはできないと思われるので、今後は、フランスでの治療を考えるためには、「ひきこもり」についてのフランスでの議論から生まれた知見が重要になると考えられる。

以上、「ひきこもり」についての本質的議論から、「ひきこもり」は社会から撤退しているように見えるとき、一方で、趣味を通じて社会とつながろうとしていることが導き出された。こうしたことは、「ひきこもり」の高齢者版と言われている「ごみ屋敷」の住人にもあてはまるのか、という問いが、

第III部、つまり、「ごみ屋敷」についての主な問いである。その前に、まずは、「ごみ屋敷」は「ひきこもり」の高齢者版なのかという前提から問いを立ててみよう。

# III

# ごみ屋敷

# 第9章　ごみ屋敷はひきこもりの高齢者版か

第III部では、通常は青年の問題のはずである「ひきこもり」の高齢者版として、「ごみ屋敷」の住人（第10章では、医学的観点から同じ状態でも「溜め込み障害」と呼ばれる）を考える。「高齢者版」と言っても、最近の日本のメディアが８０（はちまる）５０（ごーまる）という社会問題として取り上げている「ひきこもり」の長期化・高齢化とは大きく異なる。８０５０問題とは、二〇〇〇年前後からひきこもっていた青年がいまや五〇歳前後になって彼らを支えてきた親（現在八〇歳前後）に経済的にも体力的にも限界がきているという問題であったが、そうした長期の「ひきこもり」が高齢になってから「ごみ屋敷」を形成し始めるということではない。そうではなく、定年まではきちんと仕事についていて社会的名誉も伴っており、決して「ひきこもり」という状態ではなかったが、定年退職後、配偶者に先立たれ孤立してから、モノを溜め込み始め、過去の社会的名誉など知る由もない近所の人に変人扱いされ、挙げ句の果てには「迷惑なごみ屋敷」として保健所に通報されることになったというストーリーが、ある「ごみ屋敷」を形成している高齢者をよく観察してみると見えてくるのである。つまり、「ごみ屋敷」の住人の背後には、社会参加の欠如という「ひきこもり」の定義と同じものが存在するということになる。

なお、第10章で詳しく論じることになるが、「ごみ屋敷」は、とりわけ「溜め込み障害」と呼ばれるときには、若い世代の「ごみ屋敷」を含むことになる。その場合には、背後に何らかの精神疾患（強迫性障害など）が考えられる。一方、高齢者の「ひきこもり」、つまり、「ごみ屋敷」の場合には、第4章で論じたように、背後にそのような精神疾患を持たず、それ自体は疾患ではなく、むしろ「病い」であると言うことができるだろう。

## 「ごみ屋敷」という言葉はどこから来たのか

社会学者のベックは現代日本について、「リスクに対する備えの責任を担っていた社会的諸制度は、一九九〇年以降の経済のグローバル化と日本企業の多国籍化の進行によって、崩壊の危機に瀕している。企業は社員の生活を社会的に保護する役割を放棄し、政府は新たに国土を開発することをもはや約束できなくなっている。かくして、経済と国家による保護を失った諸個人は、『グローバルなリスク社会にむき出しで投げ出された』のである」と述べている（ウルリッヒ・ベックほか編、2011）。つまり、二〇世紀末の日本は三・一一の前から既にリスク社会であったという。ここで言われている「リスク社会」とは、すでに社会において生存権などの権利を得ていた個人が、情報化社会において、その権利を侵害すると思われる者に対して常に相互的に警戒をするような監視社会である。また、個人に自律や自己責任を負わせる社会のことでもある。こうした社会において、とりわけ一九九〇年以降、「ごみ屋敷」の住人は、周囲の人物によって未知で異常で危険な存在であるとみなされ、市民からの通報や苦情を受けた保健所はクレーム対応の一環として、彼らに「ごみ屋敷」という定義をあてはめて対応せざるをえなくなっていったのである。なぜなら以前はこうした状態をもたらす個人を、社会や家族が保護する形になっていたが、そうした保護を失った個人はグローバルなリスク社会の中に投げ出され、通報や苦情を受けた以上、今度は行政が場合によっては精神医学を巻き込みながら対応する時代になっていったからである。

ちょうどその当時の一九九五年に出版された根本敬のエッセイ『人生解毒波止場』の「ゴミの城に住まう老婆」という節に、以下のような記述がある。

高級住宅街の中に木造モルタル二階建のアパート（共同便所）がある。

その全室に大量のゴミ（生ゴミも含む）を突っ込み、空間という空間を埋め尽くした状態をイメージしてほしい。玄関先には車二台が駐車可能のスペースもあるが、そこにも豪雪に見舞われた北国の積雪の如く五メートルほどに積もったゴミの山。よく見ると真ン中が割れて、獣道のような道ができている。だが、そこから建物の中へ出入りしているのは犬でも猫でも狸でもなく、一人の老婆なのであった。

老婆は二十年前からこの地に住まい、夫に先立たれ、一人息子も家を出た後、四年前よりゴミの収集（「ゴミの日」に出された近所のゴミを総て持って来る）を始め、今日に至るという。

主食は生ゴミ。

我々（根本＋編集部・町山）が取材に行ったときも、老婆はゴミ袋の中に割り箸を突っ込み生ゴミをムシャムシャ、モグモグ美味そうに喰っている最中であった。

（pp.51–52）

上記の引用の後、近所の人へのインタビューがあり、「老婆」を迷惑な存在とみなす発言が以下のように登場する。

あ〜嫌だ嫌だ。一日中ああやって、腐ったジュースだって何だって集めて飲んじゃうのよ、気持ち悪い。あの人、おかしいのよ。誰かが立ち止まってジィーッと見てるでしょ、気づくと『何見てんの!!』って怒鳴ったり、ゴミ投げつけたりしてくるのよ。こわいんだから。もう、こんなにゴミ溜めて、この辺の人はみんな困っているわよ。夏は臭いし、お隣（ちなみに両隣はちょっとした豪邸）は暑くても窓閉めたままよ。もう誰が注意しても言うこと聞かないで、出したゴミ全部持って来ちゃうの。ゴミ持ってくるならまだしも、時々商店街へ出ちゃ、カッパライやってんのよ。新品の服、値札つけたまま着てたりするのよ、嫌だわ。

昔はね、品のあるキレイな奥さんだったのよ。それが何でああなっちゃったんだか。あんなにゴミ溜めてどうしようってんだか。年金ため込んでんのかもね。普段ゴミ食べて。

（p.52）

まさに、「ごみ屋敷」の住人を未知で異常で危険な存在であるとみなして保健所にでも通報するような近隣の住民の発言である。しかし、最も興味深いのはエッセイの著者がいくらかの努力の後、この「ごみ屋敷」の住人へのインタビューを実現させていることである。

去年の九月にケーブルテレビが取材させてくれって来たのが最初でね。そんな立派なことしてんならともかく、こんなことしてんだから断ったわよ。でもそのテレビの人は、これだけの土地でこんなことしているのは贅沢だっていうのよ。

(pp.55-56)

これに対してエッセイの著者は「近くでよくよく見ると、老婆は身なり(髪はバサバサ、着物はボロボロ、たぶんゴミの中から見つけたのだろう)こそ汚いが、なかなか品があり、顔もキレイであった。そして、喋ることも常識的でしっかりしていた」と述べており、ごみ屋敷の住人が通常異常な精神の持ち主であるとみなされてしまうことと実際の印象とは対照的であることを見事に示していると言える。

さらに、この「ごみ屋敷」の住人へのインタビューは以下のように続いている。少々長いが引用しよう。

それから十月にTBSが来てね、私が嫌だっていうのに勝手に撮ってワイドショーが放送したのよ。そしたら、週刊誌は来るわ、NHKや日本テレビや、他のテレビ局も来てね、話聞きたいっていうのよ。私が嫌だから帰ってくれって怒鳴るとそれをカメラむけて撮ってんのよ。だからゴミ投げつけてやったわよ。

コメディアンからレーサーになった清水国明なんかも来てね、この家壊すときは呼んで我々の番組にやらせてくれだって。そしたらゴミ袋五十枚進呈するなんていうのよ。森本毅郎司会の番組よ、知ってるう？

でもTBSが放送してから凄く迷惑しましたよ。みんな面白半分で見に来るのよ。そのうちゴミの不法投棄されたりね。Wベッドだとか絨毯だとか、私んちの前に捨てていくんですよ。困るわよ、そんな大きい物一人じゃ持てないし。冷蔵庫なんて、業者に引き取らせると三千五百円もかかるんだから。

いちばん腹が立ったのはね、大晦日から元旦にかけて、車、横に止めて、石投げてガラス割って逃げてった奴らがいるんですよ。私が出てって怒ったら、犯人は高校生ぐらいの子供でね、一人が車のナンバーを見られないように立ちふさがって隠しましたよ。

すぐ警察に言ったんだけど、ナンバーがどうしても、ホラ、隠されたからひと桁わからない。そうしたら警察はダメだっていうのよ。わからないって。そんなひと桁ぐらいで推理できないだなんて、日本の警察はダラシないわ。世界一っていわれているのに、よっぽどロンドン警察のほうが優秀だと思いましたよ。私は西村寿行なんかよく読むから推理のことはよくわかるのよ。

それから中学生がゴミの上によじ登ってってたり、私が買ってきた（本当はゴミ袋から出てきたのだろう）お弁当のノリ巻を、食べようと思って置いといたら盗んでいったりしてね。教頭先生に電話して怒ったら、次からしなくなったけど。とにかくテレビには迷惑してますよ。それにもし親戚が見たらなんて思うか……。

ここに来る前は、南千束に屋敷があってね。ここはもともと私の母の持ち物で、息子が一人いるんだけど、こんな状態だから、普段寄りつきませんよ。年に一回庭の枝をたち切りにくるだけで。私、若い頃はバイオリン習ってたんですよ。それから母が長唄習ってたから一緒に三味線も習うようになって。今でも、ここのどっかにあるのよ、三味線。あんた達若い人はエレキでしょ、ビートルズとか。

(pp.56–58)

私も、もう歳でしょ。いつ動けなくなるかわからないでしょ。だから一日も早く、ここをキレイにしなくちゃいけないの。

(p.58)

こんなことしているから、みんな変だ変だって言うのよ。でも今は仕方ないのよ。早く片付けてキレイにするまでは。私だって気をつかってるんですよ。夜中に猫や鳥がイタズラして道路が散らかるとみんなの迷惑になるでしょ、車も通れないし。だから朝早起きして、毎日片づけてるのよ。

区役所の係長（ゴミ方面の担当か）と仲良くしててね、その人に電話一本すれば、こんなゴミの山、全部キレイに片づきますよ。でもその前に大切な物を取り出さないと。大切な物、取り出すのは私じゃなきゃわからないでしょ。係長は早くキレイにして、こんな物積んどくより、駐車場（事実、昔は駐車場として使っていた）にでもしたほうがよっぽどお金にもなるって言ってくれるのよ。でもねえ、そうはいってでも大切な物を全部探さないとねえ。夜寝てても気になってね。「あっあの袋の中に入ってやしないか」って。

大切な物って何かって？　それは私にしかわかりませんよ。とにかく毎日とても忙しくって、こうして長話なんかしている暇は本当はないんですよ。

(pp.58–59)

以上のように、逐語で「ごみ屋敷」の住人である高齢の女性の言葉がエッセイの中に残されているので、女性の診断上も参考になる。特に、思考過程、記憶、知能、感情や気分の状態などに問題となる所見はないことが予想されるほど、女性の言葉はしっかりとしていたようである。「ごみ」の収集癖というくらいにしか症状は見いだされなかった。しかも、人からどう見られているのかということや現在の「ごみ」（しかも本人は決してそこにあるものを「宝」であると言っているわけでもなく、きちんと「ごみ」であると認識すらしている）に囲まれている状況についても、常識的な範囲で理解できていたようである。さらに「ごみ」を堆積させる前にこの女性は社会から遠ざかっていたわけでもなく、社会と何らかの繋がりを持っていたことも見て取ることができる。さらに言えば、「ごみ屋敷」化してからは「ごみ」を通して社会と繋がろうとしているかのように見える。「大切な物」とは本人にとって社会と繋がっていた痕跡ではないだろうか。こうした女性に対して本当に精神医学上の診断は与えられないのかということについては、とりあえず次章の問題にすることにして、ここではどのように「ごみ屋敷」という言葉が出てきたのかについて、このエッセイの女性の言葉を通してもう少し考えてみることにしたい。

本人のある意味での「正常さ」とは裏腹に、この女性を異常という位置に置いているのは、近隣の住民（相互に監視し合う社会に生きる典型的な人物である）からの眼差しであり、さらには、本人のもとに押しかけたマスメディアの眼差しである。皮肉なことに、エッセイの中で、この女性はマスメディアについて「迷惑している」と適切な意見を述べている。本来は、マスメディアは、「この女性」が他の住民に対して迷惑をかけているという事実について取材をしたいのであると思われるが、実際には、マスメディアが「この女性」に対して迷惑をかけているという意見をこの女性は述べている。こうしたマスメディアによる眼差しが「ごみ屋敷」のイメージを形成する片棒を担いでいると思われるのは、このエッセイが刊行された一九九五年前後にメディアが「ごみ屋敷」という言葉を使い始めていることからも言えるのではないだろうか。

そもそも「ごみ屋敷」という名称で人を指し示すというのはどのように考えたらよいのだろうか。次章で詳しく論じることになるが、海外の「ごみ屋敷」に相当する概念は、「ごみ屋敷」を作り出している「主体」を指す概念であって、日本のように「建物」を指す概念ではないことがわかる。さらに、「ごみ屋敷」関連で行政や医療関係が提供している画像としては、海外のものは建物の内部を映した画像がほとんどであるが、日本のものは家の全体像を見ることができるような視点から映した画像が多い。つまり、近隣の住民やマスメディアの眼差しが「ごみ屋敷」のイメージに含意されていると言えるだろう。

「ひきこもり」という言葉がマスメディアによって使われ出した一九九〇年代前半とほぼ時を同じくして、ある高齢者においてある種の社会関係に行き詰まりが生じているところに、「ごみ屋敷」という言葉が、近隣や世間などの外からの眼差しによって生み出されたと言える。それは、既に、自身の権利を侵害する者に対して常に相互的に警戒をするような監視社会であったからである。さらに二一世紀になって、完全に個人の中に責任を内在化させる社会を生きるなかで、個人は自律した主体として自身のリスク管理まで強いられるようになっていく。社会学者のエレンベルグは、「ひきこもり」について、個人に対して社会が責任性を内在させている二一世紀において、個人の自律を究極的な形で実現している人たちであると述べている（Ehrenberg, 2014）。それは、本書の第4章において、二一世紀になって「ひきこもり」が自律のパラドックス（究極的に「自律」した主体が社会的に孤立した主体になるというパラドックス）として浮かび上がってきた経緯について論じてきたとおりであり、また、この後に続く章においても、同様に「ごみ屋敷」が自律のパラドックスとして浮かび上がってきつつあるという観点で論じていく。

イタリアの思想家、フランコ・ベラルディ（ビフォ）は、こうした自律のパラドックスを積極的に捉え直し、『プレカリアートの詩』において「労働者階級の中心性というのは二十世紀の偉大な政治的神話だったが、わたしたちの取り組むべき課題は資本主義支配からの社会的空間のオートノミー（自律、アウトノミア）であって、社会的労働のもたらした多様な文化的・政治的・想像的な組成の方なのだから」と述べることで、社会的空間を生きる個人のあり方次第では、自律的な諸世界を無限に包合するような社会的生成をすることができると主張し、その具体的な例として、「ひきこもり」を挙げている（Benardi, 櫻田訳、2009）。さらに、『ノー・フューチャー』において、「七七年は、歴史というパースペクティヴではなく自律性というパースペクティヴのなかで、現実の運動が生成するための条件をしるしづけている。さらに、この言葉――自律性、すなわちアウトノミア――の完璧な意味というのはまさしく、歴史から離脱するという点にこそ、その根拠を有しているのだ」と述べ、自律性と歴史からの離脱を同一のものとしている（Benardi, 廣瀬ほか訳、2010）。実際、「ひきこもり」を家族や学校、職場などの歴史からの能動的離脱と捉えることもできる。ビフォは現在であれば、「ごみ屋敷」の住人の社会的なあり方も、自律的な諸世界を無限に包合するような社会的生成をする存在として挙げていた可能性がある。

とは言え一般には、件の「ごみ屋敷」の住人のようにリスク管理できないと見られる人は、自己統御能力を失った人として捉えられるようになる。そのことは「セルフネグレクト」という概念にも見て取ることができると考えられる。次節では今のセルフネグレクトの時代において、「ごみ屋敷」を作り出している人はどのように捉えられているのかについて述べることにしたい。

## セルフネグレクトの時代における「ごみ屋敷」

セルフネグレクトという後述する概念を通して「ごみ屋敷」を論じている岸によれば、二〇〇九年には既にマスメディアなどが大きくこの問題を取り上げるようになっていたという（岸恵美子、2019）。岸は、「二〇〇九年一一月に放映されたＮＨＫのドキュメンタリーでは、若者の中にも『ごみマンション』や『ごみアパート』等の『ごみ屋敷』が増えていることが放映され、高齢者に限らず誰もが『ごみ屋敷』になりうることを訴える内容で多くの反響を呼んだ。また報道では、処理業者の『五〇〇世帯あれば二～三件は必ず（ごみ屋敷が）ある』との言葉も衝撃的であり、今や『ごみ屋敷』の問題は、地域や家族の崩壊、高齢化、孤立などの現実の日本の問題を反映しているといえる」と述べている。「ごみ屋敷」という言葉が登場してから約二〇年が経過して、社会に迷惑をかける存在であると突き放してばかりも言っていられなくなり、現代日本社会の問題の一つとして医療や福祉、行政などの立場の人たちが、様々な形で対策や支援に乗り出すようになっているのである。

岸は「ごみ屋敷」に住む人やその予備軍の多くは、セルフネグレクトの一類型であると考えている。セルフネグレクトは、「自己放任」あるいは「自己放棄」と訳されるが、表1のような特徴を持っている。それは、前述したように、二一世紀になって、自身のリスク管理を強いられ

**表1**　セルフネグレクトの特徴（岸，2012）

| |
|---|
| ①身体が極端に不衛生 |
| ②失禁や排泄物の放置 |
| ③住環境が極端に不衛生 |
| ④通常と異なって見える生活状況 |
| ⑤生命を脅かす自身による治療やケアの放置 |
| ⑥必要な医療・サービスの拒否 |
| ⑦不適当な金銭・財産管理 |
| ⑧地域の中での孤立 |

**表2**　セルフネグレクトの要因（岸，2012）

| |
|---|
| ①家族・親族・地域・近隣等からの孤立 |
| ②ライフイベントによる生きる意欲の喪失 |
| ③認知症，精神疾患，アルコール問題などによる認知・判断力の低下 |
| ④世間体，遠慮，気兼ねによる支援の拒否 |
| ⑤サービスの多様化・複雑化による手続きの難しさ |
| ⑥家族からの虐待による生きる意欲の喪失 |
| ⑦家族を介護した後の喪失感や経済的困窮 |
| ⑧介護者が高齢あるいは何らかの障害を持っている場合 |
| ⑨経済的困窮 |
| ⑩引きこもりからの移行 |
| ⑪東日本大震災の影響 |

るようになった個人が自己統御能力を超え出た結果、個人に現れる幾つかの特徴なのである。さらに筆者の論理で言えば、10章で詳述する自律の論理を過剰に生きる中で社会から「自己放任」あるいは「自己放棄」として「自己統御能力を失った」かのようにみなされてしまうというところにも、自律のパラドックスがあると思われる。

岸は、セルフネグレクトの原因はまだ解明されておらず、セルフネグレクトの要因やリスク要因についても、現段階で明確になっていない部分が多いとした上で、表2のようなセルフネグレクトの要因を列挙している。これらの多くは、一見すると、個人の中に内在するリスク要因であるように見えるが、筆者は、むしろ、本来、国家や自治体がひきうけるべき責任を本人に押しつけるような社会を生きるなかで、諸個人が経済と国家による保護を失うことになったきっかけと言ってもよいものになっていると考えている。例えば、①の家族・親族・地域・近隣等からの孤立というものがある。これも本人が自ら望んで孤立したのではなく、本人が何らかの保護を失うことになってしまったその事態に関して、責任を個人に対して押しつけている社会の側から見た要因であると言えるだろう。ここでは、いずれにしても、社会から切り離されるようになった何らかの「きっかけ」のことが挙げられている。

岸は、こうしたセルフネグレクトの状態にある人が「ごみ」を集めるようになるのは、「孤独で寄り添う人がいないため、その寂しさや不安を物で埋めていたのではないか」と心理学的な解釈を行っている。それはもちろん正しいのではあるが、筆者は、「ごみ屋敷」を、むしろ、それが現れた当時の「ひきこもり」と同じように、ある種の社会関係に行き詰まりが生じているところに、近隣や世間などの外からの眼差しによって生み出されたと考えているので、むしろ、社会関係の行き詰まりをある種のモノで補おうとしているのではないかと考えている。さらに、筆者の考えでは、「ごみ屋敷」を作り出している人はモノを通して社会関係を志向しているところがあり、この考えは、「ごみ屋敷」に対して何ができるかということとも関連するので、第12章で再び立ち戻ることにしたい。

### 「ごみ屋敷」をめぐる問い

以上より「ごみ屋敷」という概念は、ある種の社会関係に行き詰まりが生じているところに、近隣や世間などの外からの眼差しによって生み出されたと考えることができる。この観点にもとづいた「ごみ屋敷」を巡る筆者の問いをあらためて挙げると、以下の三つである。

(1)「集める（集まる）もの」は、自然物というよりは、人間の行為の痕跡が刻まれているもの（使われたもの、食べられたもの、飼われていたもの、読まれていたもの、など）が多いのではないか。「ごみなのになぜ集めるのか」と言われる傾向にあるが、「ごみだからこそ集める」という点が抜け落ちているのではないか。なぜ、彼らは人間の行為の痕跡を集めるのだろうか？

(2)当の高齢者の「ごみ屋敷」の現状への無関心がしばしば指摘されるが、「集める（集まる）もの」に関心を持っているのと同時に、「そういう現状には無関心（こちらのほうばかりが強調される）」という二重性を持っていると言うほうが正確ではないだろうか？

(3)「当の高齢者が話し合いに応じない」という頑固さや怒りっぽさなどの特徴を読み取る傾向にあるが、「片付けなさい」という形式的な説得に対して応じず怒りっぽくなるのであって、「集める（集まる）もの」についての対話には応じるのではないだろうか？

(1)の問い、つまり「集める」という行為や、(2)の問い、つまり「関心」のあり方については、「ごみ屋敷」を作り出している人の能動性と関連しているテーマであり、次の第10章でさらに注目していきたい観点である。それは、日本ではなく、西欧諸国（とりわけフランス）では、同じ「ごみ屋敷」を作り出している人に対してある種の主体性が見いだされているからである。そして、このことを(3)の問いと結びつけることで、第12章において、日本と海外の「ごみ屋敷」に対して何ができるかということについて、筆者なりの考えを提示していきたい。

# 第10章　海外のごみ屋敷とその精神病理
## ——ディオゲネス症候群、溜め込み障害、ノア症候群

これまで触れてきたように、筆者は、二〇〇八年より、日仏の精神医学者や心理学者、教育学者、医療人類学者、社会人類学者、社会学者、哲学者らと共に、青年が「ひきこもり」という形で社会から退却するあり方について、日仏で比較共同研究を進めてきた。この一連の研究活動の中で、二〇一二年頃より、フランスの研究者らから「ひきこもり」はいわゆるディオゲネス症候群ではないかという質問を受ける機会が増えた。そもそも、いわゆる「ごみ屋敷」の住人が、フランスにおけるディオゲネス症候群に相当する概念である。

そこで、そもそもディオゲネス症候群はどのような精神病理を持っているのか、「ひきこもり」とどのような共通点を持っているのかという問いについて検討していくことが、本章の趣旨である。以上のことを議論するには、ディオゲネス症候群がどのように精神医療の対象になったのかについても概観しておく必要がある。まずは、ディオゲネス症候群のモチーフとなった哲学者ディオゲネスについて取り上げるところから議論を始めたい。

## 哲学者ディオゲネスと「自律」の概念

哲学者ディオゲネス（前四〇四〜前三二三）は、ヘレニズム期の古代ギリシャの哲学の一派であるキニク学派の代表的人物である。哲学者ディオゲネスの思想は、無為自然を理想として現実社会に対しては諦めた態度を取るものであり、古典期の社会（ポリス）参加を重視する思想とは大きく異なっている。キニク学派は、そもそも人間は快楽や社会参加とどのような関係を持つべきかという問いのもとに成り立っている学派であったと言える。

ディオゲネスはソクラテスの孫弟子にあたる。ソクラテスの直接の弟子たちの中で有名なのは、プラトン（前四二七〜前三四七）、アンティステネス（前四五五〜前三六〇）、アリスティッポス（前四三五〜前三五五）の三人である。初期のプラトンは身体的快楽を厳しく批判したが、そこには同時に、価値のある快楽を認めようとする態度が内包されており、その態度の背景にある思想は、身体に由来しない精神的快楽（特に哲学的活動に伴う快楽）の意味を積極的に認めようとする中期のプラトンの立場につながっていた。そして晩年のプラトンにおいては、それまでの身体的快楽に対する厳しい態度にも変化が生じ、そのような身体的快楽も、全面的ではないにせよ、人間にとって何かしら意味あるものとして善き生の中に組み入れようという常識的な態度に至った。

アンティステネスは、ソクラテス的な強さを讃える一方で「快楽に耽るぐらいなら、気が狂っているほうがましだ」（ディオゲネス・ラエルティオス『ギリシア哲学者列伝』第6巻第1章第3節 p.110；以下、キニク学派に関する引用においては、訳書の頁数を示した）と述べて快楽を退け、むしろ「徳」を重視した。このアンティステネスがキニク学派の創始者と言われている。

ソクラテスは生涯ポリスの民であったのに対して、アリスティッポスはどのポリスにも属さないクセノス（異邦人）であり続けることを通して洗練された快楽主義を貫こうとしていた。アリスティッポスは、娼家に入ったとき、同行した若者の一人に「危険なのは、入ることではなくて、出てくることができないことだ」と述べた。このエピソードからわかるように、アリスティッポスは、快楽主義を洗練する必要性を唱えている。

ディオゲネスは、快楽主義という点で、このアリスティッポスを受け継いではいるものの、その思想と実践のあり方は、アリスティッポスのようにクセノスの次元にとどまるものではなかった。ディオゲネスの著作は残存しておらず、書かれたものを通してディオゲネスの思想や人物像を直接知ることはできない。ディオゲネス・ラエルティオスの『ギリシア哲学者列伝』を通して伝えられているものがほとんどである。この著作では、ディオゲネスがアテナイの人々を小馬鹿にしてあざ笑うようなエピソードが多く描かれている（『ギリシア哲学者列伝』の読者は、ディオゲネスと共にアテナイの人々をまるで凡庸な人々であるかのように痛快に笑い飛ばす視点へと誘われる）。

ディオゲネスは「樽のディオゲネス」として知られた人物である。必要なものが少なければ少ないほど神に近いという思想の持ち主であった。生涯、簡素な衣服のみを身につけ、樽を住まいとして、多くの逸話を残している。当時の権力者であるアレクサンドロス大王がディオゲネスの樽の住居を訪れて、何か欲しいものがないかと尋ねたのに対して、ディオゲネスが「（そこに立たれると日光が遮られてしまうので）どうか、わたしを日陰におかないでいただきたい」（第6巻第38節 p.141）と答えた逸話は有名である。また、ディオゲネスの「あるとき彼は、広場で手淫に耽りながら、『ああ、お腹もまたこんなぐあいに、こすりさえすれば、ひもじくなくなるというならいいのになあ』と言ったのであった」（第6巻第46節 p.147）という言動や、「あるとき、広場でものを食べていたといって非難されると、『おなかが空いたのも広場だったからね』と彼は言い返した」（第6巻第46節 p.147）という言動も記録されている。

セネカは、心の平静さを失った様々な人々に対して解決策を提示した著作「心の平静について」の中で、ディオゲネスを奇異で常軌を逸した人物としてではなく心の平静さを実現した人物として示している（セネカ・ルキウス・アンナエウス、2010）。ディオゲネスが勧めた生き方は、習慣に基づく社会的・道徳的判断や人生の浮き沈みによって左右されることなく行為することであった。それは、肉体が必要とする最小限のもの以外は、何ものもポリスから求めない自然に即した生活を営むことでもあった。これが、ディオゲネスの自給自足（autarcie；αὐτάρκεια）という思想である。しかし、こうした境地にディオゲネスが達したのには、彼の生来の性格によるものだけではなく、ある偶発的なエピソードにも起因していたとも言える。

ディオゲネスは、通貨変造事件の嫌疑をかけられたために故郷シノペを追放され、「外部」からアテナイにやってきたのである。つまり、ディオゲネスはアテナイ人にとって「よそびと（クセノス）」の立場であったと思われる。この「クセノス」について、山川は「『あちら』と『こちら』の間のアモルフな境界域に、不定な第三人称的徴表『かれ』という目印を帯びて滞留している」（山川偉也、2008, p.143）と説明している。つまり、ディオゲネスとは、アテナイにとっての「公（デモシオス）」と「私（オイコス）」との境界域に位置していた存在であると言うことができる。但し、「公」と「私」との間の区別は、近代のそれとは異なる。公人とは、市民の資格でポリス（市民政治共同体）の政治に積極的に参加する者であり、私人とはそのようなポリスとは異なる領域において個々人の資格で他者と関わる者のことを指しているからである。つまり、公人か私人かは、ポリスの内部と外部のどちらで他者と関わるかということによる。こうして考えてみると、ディオゲネスは、ポリスの「外部」からアテナイにやってきて、ポリスの「外部」と「内部」の両方の構造を保ったまま、「内部」で他者と関わっているという限りにおいて、境界域に位置すると言える。

　さて、ディオゲネスに関して、「あなたはどこの国の人かと訊ねられると、コスモポリテス（*κοσμοπολίτης*）だと彼〔哲学者ディオゲネス〕は答えた」（第6巻第63節 p.162）という記述の箇所がある。コスモポリテスとは、「全世界的な（形容詞）、国際人（名詞）」という意味で、英語のコスモポリタン（cosmopolitan）の語源をなしているギリシャ語である。グローバル化した現代においては、コスモポリテスは様々な政治的文脈で再評価されているが、おおむねナショナリズムとの関係で、一つ目のナショナリズムを徹底的に否定する議論、二つ目のナショナリズムと共存可能とする議論、三つ目のナショナリズムを結局のところコスモポリテスに吸収する議論、この三種類の議論があると言ってもよい。つまり、コスモポリテスは必ずしもナショナリズムと対立するわけではないのである。

しかし、我々として重要なのは、政治的な議論ではなく、ディオゲネスにおいて、なぜ、アテナイで樽の住居に閉じこもった生活をしていながら国際人であると言えるのだろうかという問いである。ここで、ディオゲネスの自給自足の概念からこの問いについて考えてみる必要があるだろう。

ディオゲネスの自給自足は、アリストテレスのそれとは異なる。アリストテレスは『ニコマコス倫理学』第一巻第七章で「究極の善は自足的であると考えられる」と述べている。つまり、アリストテレスの「すでに知に到達している」自給自足的な知者とは、善や幸福を実現した存在ではあるが、同時に、不可能な存在として位置づけられる。アリストテレスによれば、そもそもポリスとは、他との協力なしでは自足できない人間が、本来は不可能な自足することを目指そうとして作った共同体であった。一方、ディオゲネスの自給自足の思想は、単にやたらに欲しがらず現状に満足するというような程度のものではない。ディオゲネスは、生活上の必要を最小限まで切り詰め、「何一つ必要としない」神々に近づく。そして、「アタラクシア（乱されぬ心）」の境地に達し、極端なまでの「苦行（ポノス）」と「自己鍛錬（アスケシス）を重ねる生活」を実現することで、究極の自給自足が可能になると考えたのである。

ディオゲネスにとって、自給自足とは、ポリスの「外部」において（を通して）、つまり、共同体の外部の論理によって実現可能なものであった。ディオゲネスにとって外部の論理こそが自身の論理である。もちろん、表面的にはディオゲネスはアテナイの人々から生活物資の施しを受けてはいる（つまり自立はしていない）ものの、アテナイのポリス内部の常識や規範には従わない形になっている。

だが、ディオゲネスの態度は、ポリス内部のアテナイの人々に対峙して挑発することを目的としているのではなく、ポリスの内部の論理には従わず自身の論理、つまり、ポリスの外部の論理のみに従うことを身をもって示しているという実践なのである。しかし、これを「自律（アウトノミア）」というには近代まで待たなければならない。これについては後述しよう。

要するにディオゲネスの自給自足は、コスモポリテスを実践することで達することが可能になる論理である。この論理に、クセノスからコスモポリテスへの実践的移行を認めることができる。以上より、ディオゲネスにとって、自給自足とは、単なる経済的意味に限定されるものではなく、ポリスの外部の論理（同時に自身の論理でもある）に従うというコスモポリテスへの実践的移行によってはじめて成立するものであると考えられる。

ところで、カステル（Castel, P.-H.）は、西洋において一旦忘却された古代ギリシャの自給自足という概念が一八世紀の「政治経済学」において再登場したことに注目している。古代ギリシャ哲学においては、自給自足と類似している自律（アウトノミア）という概念は存在しなかったという。カステルによれば、一八世紀において、別の国家との貿易を最小限にする国家の自立という理想を示すために古代ギリシャ哲学の自給自足概念が再び注目され、その後、自律（autonomie）という概念が西洋の近代に出現したとき、自給自足概念も同時に当時の時代の精神に対してさらに重要な役割を果たすようになったという。つまり、自給自足概念と自律概念とはそれぞれ出現した時代背景が異なる（前者は古代ギリシャにおいて、後者は一八世紀の近代の幕開けにおいて出現した。つまり、後者の出現と共に前者が再出現した）のである。

自律（autonomie）は、近代以降、カントが自身の哲学の中で援用し、その後は、現代において社会学へと至った概念で、本来は精神病理学では使用されてこなかった概念である（使用されているのは「自立」つまり「独り立ちすること」の概念のほうである）。カントの言う意志の性質としての自律（道徳的自律）であるが、意志がそれの外にある何か（欲求、他人の指図）によって動機づけられていないとき、その意志は自律的であるということになる。自律的主体は、彼らが自分で作った法則に従っている。さらにカントの言い方を用いるならば、「意志とは、行為するために或る種の法則に従って自分自身を規定するような能力と解せられる。そしてかかる能力は、理性的存在者にのみ見出されるのである」（Kant, 1789）となる。そして、自律的に行為するということのなかには、主体が外的制約から自由であるということと、さらに、内的だが非理性的な欲求の専制支配から自由であることの両方が含まれている。

しかし、現代では、自己決定、自己責任としての自律という概念が支配的になっている。現代の新自由主義は、自律の概念はしっかり守ろうとする傾向にある。自律的主体は、「本人を取り巻く社会的環境のさまざまな慣習や、本人を取り巻く人々の影響からある程度距離をおくべし」（Gray, 1983）というあり方をなすものとして表現される。これは「自分の生き方を自分で決めることは、幸福になるために欠かせない条件だ」という考え方である。たとえば、自分で、どの大学に行くか、どこに就職するか、だれと結婚するかを決める人は、自己決定のできる自律的な主体であり（「主体」としては「幸福」である)、両親や先生や政府の言うなりになってこれらを決めるならば、他律的な生き方をしている(主体としては「不幸」である)ということになる。現代においては、このような自律概念が既に主体の条件として前提とされていると考えることができる。

要するに、「自律」という概念は近代以降に形成されたものであるが、一方の「自給自足」という概念はディオゲネスの生きていた古代ギリシャの時代から存在していたことになる。この後説明していく自給自足を特徴とするディオゲネス症候群が登場したのは、とりわけ自律概念を基盤にして成り立ってきた近代の西欧文化や欧米の医療においてであると言えるだろう。

さて、一八世紀において、ディドロ(Diderot, D.)は、著書『ラモーの甥』の中で、常識的な人格を持つ哲学者の「私」と、音楽家ラモーの甥をモチーフにした非常識な人格の「彼」との対話を描き出している。この「彼」については、ディオゲネスに近い存在であるとディドロが説明しており、本来主人公であり主導権を握っているはずの「私」の無力さをあざ笑い、社会や人間性の本質を抉り出す人物であるとされている。この「彼」は、「私」と違って、混乱や分裂を自ら意識してそれを乗り越えた存在として、ヘーゲル(Hegel, G. W. H.)の関心を引くところとなっている。しかし、近代資本主義社会の入り口の一八世紀においてこの「彼」はまだ弱い存在と言える。長谷川(2011)は、ディドロがこの「彼」をただ称揚するためではなく、むしろ、哲学者の「私」とのねじれをきたしていることを示すためにこの作品を書いたと述べている。つまり、ディドロが『ラモーの甥』でディオゲネスを引き合いに出したのは、「私」の自律が幻想であることを突きつける一つのアンチテーゼであったと言うことができる。近代において、自律概念が自律の幻想性と同時に出現したというのは、自律概念そのものが時代精神の何らかのイデオロギーを基にして成り立っていることを示していると言えるだろう。

それでは、このような自給自足の論理と共に現れたディオゲネスをモチーフにして名づけられ、主体が自律する時代の精神の上に作られ、現在ではその一部が医療の対象になっているディオゲネス症候群において、自給自足の論理と自律の論理がそれぞれどのような関係になっているのかについて、さらには、現代の精神医療においてディオゲネス症候群に近接している溜め込み障害（Hoarding Disorder）について、次節で検討したい。

## ディオゲネス症候群と溜め込み障害

ディオゲネス症候群は、一九七五年に老年科医のクラーク（Clark, A. N.）とマンキカー（Mankikar, G. D.）らによってアメリカで名づけられた医学的現象の一つの単位である（Clark, et al., 1975）。クラークとマンキカーらによると、ディオゲネス症候群は、老年期の現象で、孤独で不潔で非衛生的な生活をして、自己の身体の状態に無頓着であり、自ら進んで孤独な生活をして、外的援助を拒み、無意味で奇妙な収集癖を持つとされた。だが、興味深いことに、彼らのうち半数近くには、明らかな精神障害が認められなかった。しかも、この症候群にあてはまった人（三〇名）の多くは、外見的な印象とは裏腹に知的にはむしろ高く（ＩＱの平均は一一五）、かつては社会的にも成功し、家族背景に何も問題なかった人たちであったという。まさに前章で述べた「ごみ屋敷」住人と共通する特徴を持っている。彼らの性格は、外的援助を差し出しに訪れた人々に対して高慢で疑い深く、感情的に変化しやすく、攻撃的であった。しかし、常に攻撃的というわけではなく、人格テストでも通常の状態において大きな人格のゆがみが出るほどではなかった。その後、この概念はアメリカであまり使用されなくなった。

二一世紀になり、ディオゲネス症候群の概念が、フランスの精神分析家や精神科医らによって再発見された。彼らは、ディオゲネス症候群の、自宅の外から物を自ら収集し（あるいは物を捨てずに）自宅の中に溜め込む行動に、自給自足的な傾向を読み取ったと言える。さらに、「自分のことは自分で決めているから放っておいて欲しい」という拒絶的な態度を通して、ディオゲネス症候群本人の精神的なあり方の中に何らかの自律的な傾向も読み取られたのであるが、ここには、主体が自律しているという近代的な時代の精神があったと言えるだろう。

ディオゲネス症候群として記述された最初の症例は、ニューヨークのホーマー・コリヤー（Homer Collyer）（一八八一～一九四七）とラングレー・コリヤー（Langley Collyer）（一八八五～一九四七）の兄弟たちである。兄のホーマーはコロンビア大学の法学部を卒業し、弟のラングレーもやはり同大学の工学部を卒業した。弟は発明家などを目指していたという。一九四七年に兄弟が死亡したとき、彼らが十数年にわたって町中から集めた「ごみ」の量は百四十トンに達した。「ごみ」の中にはばらばらに解体されたピアノやT型フォードなどがあった。彼らのこうした行動のきっかけは、母親の死であったと言われている。コリヤー兄弟は、頭脳は極めて明晰でありながら、働くことを拒絶し、近所の人と会話することをせず社会的に孤立した状態にあった。「ごみ」の収集が始まってからも知能において特に問題は認められなかったと伝えられており、現在から遡って、認知症の枠でも捉えることができないのである。

一九七〇年代当時において、ディオゲネス症候群は、人格変化をきたすような、自然な加齢の過程の一つである老年期のストレス防衛メカニズムとして説明されていた。また、ディオゲネス症候群には、「無意味なものの収集癖（syllogomania）」の症状が認められ、精神分析の議論においては欲動のある種の「ゆがみ」ではないかという指摘も存在した。当時の事例のうちほぼ全員は既に身内とは死別した単身者であり、本人から治療や援助の同意を得ることが難しく、むしろ医療や社会福祉サービスなどを全面的に拒絶していたようである。二〇一五年一二月に筆者を中心とするごみ屋敷研究チームでのある日本の自治体でのヒアリング調査でも、行政側によって把握されていた九五例の「ごみ屋敷」のうち、六三・二％（六〇例）が独居生活であった。

ディオゲネス症候群に見られた症状群は、現在のアメリカ合衆国の精神疾患の分類としては、二〇一三年にアメリカ精神医学会のＤＳＭ-５の「溜め込み障害（Hoarding Disorder）」に包摂された。それより前のＤＳＭ-Ⅳまでは、強迫性障害などの診断に含まれるカテゴリー（下位項目の位置づけ）かあるいは連続体をなすカテゴリーとして考えられていたが、近年では、溜め込み行動が深刻な群は一つの独立した「溜め込み障害」という疾患カテゴリーとして捉えられる。そして、ＤＳＭ-５

では強迫性障害に関連する疾患として（強迫性障害とは図1のようにオーバーラップする）位置づけられることになった。DSM-5の「溜め込み障害」の定義では、「実際の価値とは関係なく、所有物を捨てること、または手放すことが持続的に困難」な症状を呈することであるとされている。なお、問題化しているかいないかにかかわらず溜め込みを行っている人物を指し示す場合は、日本の各自治体では、「堆積者」という客観的な語が使用されている。

こうして定義された「溜め込み障害」は、実際に強迫性障害の一部（一二%、総件数三四三）に溜め込み症状を有する人がいたというある報告（松永（Matsunaga），2010）によれば、発症年齢は意外に若く、一五歳から二一歳とされており、二〇代半ばには個々の日常生活機能に支障が生じるという。これは、「ごみ屋敷」を作り出している高齢者に対して一般的に抱かれる傾向にあるイメージとは異なる。反対に、「ごみ屋敷」を作り出している高齢の堆積者は、問題化しているかいないかで「溜め込み障害」にあてはまるかあてはまらないかが決まると思われる。以上より、溜め込み障害、強迫性障害と「ごみ屋敷」を作り出す堆積者との関係は、同じ報告（松永（Matsunaga），2010）を考慮すると、図1のような関係になると思われる。

二〇〇〇年以降のディオゲネス症候群に関する文献としては、フランスでの再発見につながったアノンらの精神分析的研究がある（Hanon, et al., 2004）。アノンらは、ディオゲネス症候群を「能動型」と「受動型」に分類した。前者はわざわざ外出して「ごみ」を拾ってきて自宅に溜め込むタイプで、後者は「ごみ」が捨てられなくて自宅に受動的に溜ってしまうタイプである。「能動型」は人生の孤

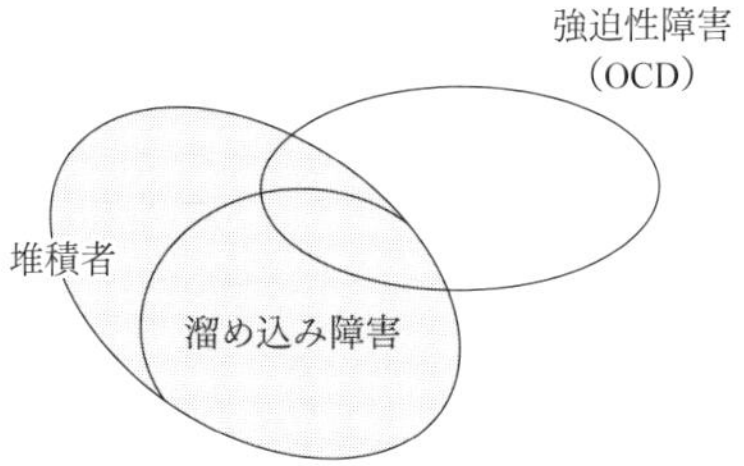


**図 1**　溜め込み障害，強迫性障害と「ごみ屋敷」を形成する堆積者との関係（DSM-5）

独感を埋めるために「ごみ」を集め、「受動型」においては孤独感や空虚感そのもののために「ごみ」が集まってしまうという、「ごみ」が前者が「目的」として後者が「結果」として機能する差異についても指摘されている。前述した筆者らによるヒアリング調査でも、この二つのタイプの「いわゆるごみ屋敷」の存在があることが確認された。アノンらは、ディオゲネス症候群について、「ごみ」を集めた「家」が、自我の防衛メカニズムとして機能するのと同時に、自我の内界と外界との境目にあるフィルターの機能も兼ね備えた皮膚自我（アンジュー（Anzieu, D.））をなすものとして解釈している。

以上のように概観してみると、ディオゲネス症候群は、ディオゲネスの自給自足という観点と拒絶的態度（ディオゲネスにおいては、人や物を拒絶するというより文字通りシニカル（「キニク学派」を語源とする）な態度と言うほうが適切だろう）を示してはいるものの、コスモポリテス（世界市民）という観点は存在しないことがわかる。さらに、コスモポリテスの観点は、一九七五年のディオゲネス症候群についての最初の論文でのディオゲネスの紹介の中でも欠落している。一方、ディオゲネスには、「無意味で奇妙な収集癖を持つ」というディオゲネス症候群の特徴がない。むしろ、ディオゲネスについてはモノには執着していない印象すら受けるほどではないだろうか。

また、ディオゲネス症候群と溜め込み障害は同じものなのかという問いは成立せず、捉え方の違いであることもわかる。それは、溜め込むディオゲネス症候群もあれば溜め込まないディオゲネス症候群も実際にはあるからである。要するに、ディオゲネス症候群は、主体の自律性に焦点を合わせた捉え方であり、溜め込み障害は、溜め込む行動に焦点を合わせた捉え方になるだろう。

**ノア症候群**

フランスでは、ディオゲネス症候群と近縁の概念に、ノア症候群というものがある。日本では動物屋敷や動物の多頭飼育というものが最も近い概念である。日本では「ごみ屋敷」よりは遅れて二〇一〇年頃からマスメディアなどを中心に使用されてきた。アメリカではさらに早く、一九九〇年頃からアニマルホーディング（Animal Hoarding）という概念が使用されている。

フランスのノア症候群は、二〇一一年にロシュフォールという町のある一軒のアパルトマンの室内で二百頭もの動物（一七頭の猫、フェレット、リス、四〇匹のネズミ、ハト、コバト、豚、ハムスター、ラット、アレチネズミ、カメ、オクトドン、ウサギ、多数の熱帯魚など）を飼育していた六〇代の女性が話題になったのを皮切りに、メディアが取り上げ始めた。ノア症候群とは、旧約聖書の『創世記』に登場する、ノアの方舟物語にちなんだ概念である。つまり、主人公ノアが大洪水を逃れるために方舟に多種の動物を乗せたことに準えているのである。

このノア症候群はディオゲネス症候群の下位カテゴリーであると考えてよいだろう。実際に、フランスの精神医療の現場では、動物の多頭飼育をしている高齢者をノア症候群とは呼ばずにディオゲネス症候群と呼ぶことがほとんどである。ただし、ノア症候群の高齢者が集めるものは動物であり、動物が本人の意志を離れて互いに生殖を繰り返して自己増殖していく可能性を持っていることから、前述したアノンらの精神分析的研究によるディオゲネス症候群の「能動型」と「受動型」の分類によれば、たとえ初期は「能動型」であったとしても問題化するころには「受動型」にあてはまってくると考えてよいと思われる。

## 哲学者ディオゲネス、ディオゲネス症候群とノア症候群

ディオゲネス自身には「不潔で非衛生的な生活」という特徴は存在するが溜め込み症状は存在しない。ディオゲネス症候群の自律（autonomie）のあり方に、ディオゲネスと同じ自給自足（autarcie）のあり方を読み取ることができるのだろうか。ディオゲネス症候群の自律のあり方は、近代的な意味での自給自足の論理は持っているが、コスモポリテス（世界市民）を実践する論理は限定的にのみ内在している。以上のことをまとめると表1のようになる。

ディオゲネスとディオゲネス症候群は、「ひきこもり」と同様にともに社会の「外部」に位置しており、自給自足という観点では共通しているように見える。しかし、ディオゲネスにおける自給自足はコスモポリテスを実践する論理の中で可能なものである。一方、ディオゲネス症候群における自給自足は、コスモポリテスの論理との関係は限定的なものであり、ディオゲネスの時代には存在しな

**表1**　哲学者ディオゲネス，ディオゲネス症候群あるいはノア症候群における自給自足と自律概念，両者（自給自足と自律）の関係，コスモポリテスの論理・溜め込み症状との関係

| | 哲学者ディオゲネス | ディオゲネス症候群<br>ノア症候群 |
|---|---|---|
| 自給自足（autarcie） | 社会（ポリス）の「外部」で実現 | 自給自足の論理 |
| 自律（autonomie） | （近代以降の概念） | 自律の論理 |
| 自給自足と自律の関係 | 関係なし | 関係あり（近似） |
| 世界市民（コスモポリテス）を実践する論理との関係 | あり | 限定的 |
| 溜め込み症状との関係 | なし | あり |

かった自律の論理と密接に関係（近似）している。こうした自給自足のあり方の違いが、溜め込み症状の有無としての把握の違いを生み出していると言える。

一九七〇年代に言われたように、ディオゲネス症候群は老年期の人格変化の一つであるとみなす意見も存在する。確かに、そこには何らかの「人格」の変化というものがあるように見える。実際に、彼らに援助の手を差し伸べたとき、彼らは援助を好んで受け入れるのではなく、多くの場合、拒絶的な態度を示すからである。しかし、彼らの自給自足の論理のために、「人格の変化」自体も周囲に気づかれることがなく、初期の段階では医療や福祉の対象にはならないので、過剰な溜め込み行為の結果（「ごみ屋敷」など）によって行政などの自治体が介入して初めて、把握される場合が多いようである。そのときに、「ごみ屋敷の住人は、援助の提案に対して、頑なな態度を示した」などと報告されることはよくあることなのである。

## 医療の「周縁」という観点

以上のように考えてみると、溜め込む行動に焦点を合わせた溜め込み障害は医療の内側の問題として捉えられているが、主体の自律性に焦点を合わせたディオゲネス症候群はそもそも医療の内側なのか外側なのかという問題が立てられるだろう。そこで、医療の「周縁」という観点でこの問題を考えてみたい。

さて、一九五〇年代に、一つの「概念」として「境界例」が登場した。それは言い換えれば、医療の枠におさまらないという意味で見いだされた「概念」でもあった。つまり、神経症の枠にも精神病の枠にもおさまらない「概念」である。現代のフランスの精神医学では、「境界例」はどのような病理を持っているかという問いというよりは、むしろ「境界例」の場にはどのような病理が位置づけられるかという問いのもとに「境界例」概念を使用する考えが重要視されている。実際、時代や社会、文化が変化すると医療側がどのような病理を「境界例」に位置づけるかも変化するからである。現代は、「境界例」に薬物やインターネット依存などの病理の一部が位置づけられると言える。

一九七〇年代の境界例隆盛時代に、人類学者のターナーは、「社会的危機は安定した局面と局面の境目に生じ、しかも、その境界は、日常生活からはみ出た聖なる周縁とは違って、反対に、公共生活のなかにとどまり、それを威嚇して、秩序を代表するものと格闘することを恐れない」と述べている(Turner, 1974)。ここでの「安定した局面と局面の境目に生じ」るものとは、各制度の中で「境界」に位置づけられるものとして生じてくると言える。

ここでターナーによって参照されている人類学者のヘネップ（Gennep, A.）は、「通過儀礼」を、やはり地位や社会上の位置の変わり目、あるいは年齢の節目に実施される儀礼として位置づけ、分離、周縁（敷居ともいう）、再統合の三つの段階から成り立っていると考えた。「分離」においては、個人か集団のいずれかが、象徴行為を通じて社会構造上で占める定位置や文化条件（状態）から離脱していく（préliminaire）。中間の「周縁」においては、儀礼の主人公はどうにも分類できないどっちつかずの状態になる（liminaire）。「再統合」においては、彼らは、以前より高い地位へ昇格するという形で再び社会構造のなかへ統合される（postliminaire）と指摘されている。

精神医学に話を戻して、境界例を、医療の対象である「疾患」として安定した構造を持たず、中間段階に留まったまま、医療の周縁に位置している状態と考えてみよう。境界例の概念として、一九九〇年代には「人格」の問題が位置づけられていた。つまり、「境界例」は人格障害に相当するものであったが、現在は状況が異なっている。今後は、例えばある種の「依存」などを含めて、自給自足を志向して自律をたとえ幻想の形であれ実現し「自ら医療を必要としていない」状態、すなわちディオゲネス症候群のような状態も、医療の周縁に位置づけられるという意味では境界例になると思われる（理屈の上では、「依存」という形で完全に医療の中に取り込まれてしまえば「境界例」ではなくなるが）。さらに、「ひきこもり」も、医療の周縁に位置づけられるという意味では、「ひきこもり」は「病気」なのか、「病気」ではないのかという問いを立てた第4章のテーマとも重なってくることがわかるだろう。

## ディオゲネス症候群と自給自足

ディオゲネス症候群はなぜ一般的に受診へと結びつかないのであろうか。そもそも精神医学への関わりの動機の一つである心的苦痛が生じていないなかったからだろうか。

心的苦痛を、ブランケンブルク（Blankenburg, W.）の言うところの「苦の重圧（Leidensdruck）」に相当する概念であると仮定してみよう。ブランケンブルクは、この「苦の重圧」という概念が安易に個人的次元での「治療への動機づけ」「変化の願望」「精神療法を受けようとする動機」という概念と結びついてしまうことに警戒しながら、「苦の重圧」はむしろ個々の個人を超えた個人の集団内での社会的次元という位置づけを考慮するべきであると述べている。それは、近年では、社会的苦痛と呼ばれるものであり、とりわけ溜め込み障害の場合、本人の苦痛よりも「周辺の生活環境が著しく損なわれている」ということに起因する周辺住民の苦痛が含意されていると言える。近年では、個人の苦痛だけではなく、社会的ニーズを考慮した新たな心的苦痛（生活環境が損なわれて近隣の住民に与える苦痛も含意されている）が、精神医療化の基盤になり得ると考えられる。実際に、「溜め込み障害」に関する「他者にとって」の苦痛が、DSM-5（表2）の基準Dに含まれている。

ポリスの「外」で自らの自給自足を実践していた哲学者ディオゲネスのコスモポリテスとしての行動は、単純に考えの中で生じた「空想」や「願望」というよりは、「私」が「私の外部」と接続した状態と考えられる。近代以降の認識においては、ここに、自我の自律性を前提にした精神病の構造（本来、自我は、自分で自分の行為を制御できるが、病的体験に支配されるとそれができなくなるという考え

**表2**　溜め込み障害の診断基準（DSM-5（アメリカ精神医学会）300.3）

A. 実際の価値とは関係なく，所有物を捨てること，または手放すことが持続的に困難である。
B. 品物を捨てることについての困難さは，品物を保存したいと思われる要求やそれらを捨てることに関連した苦痛によるものである。
C. 所有物を捨てることの困難さによって，活動できる生活空間が物で一杯になり，取り散らかり，実質的に本来意図された部屋の使用が危険にさらされることになる。もし生活空間が取り散らかっていなければ，それはただ単に第三者による介入があったためである（例：家族や清掃業者，公的機関）。
D. 溜め込みは，臨床的に意味のある苦痛，または社会的，職業的，または他の重要な分野における機能の障害（自己や他者にとって安全な環境を維持するということを含めて）を引き起こしている。
E. 溜め込みは他の医学的疾患に起因するものではない（例：脳の損傷，脳血管疾患，プラダー－ウィリー症候群）。
F. 溜め込みは，他の精神疾患の症状によってうまく説明できない（例：強迫症の強迫観念，うつ病によるエネルギー低下，統合失調症や他の精神病性障害による妄想，認知症による認知機能障害，自閉症スペクトラム障害による限定的興味）。

方の背後に、自律した自我を想定できる）を想定することができるかもしれない（筆者はかってシュレーバー症例にこの状態を見出した）。「妄想」とは言えないまでも、行動の奇妙さ、社会性のなさ、全般的な遂行能力低下などから単純型統合失調症をあてはめる考えもあり得るからである。しかし、実際に、ブロイラー（Bleuler, E.）の単純型統合失調症やその原型であるディエム（Diem, O.）の単純痴呆型に、「無目的に放浪をする」という特徴が見られるのは、明確な「妄想」に牽引されて特定の場所に向かう行動であるというよりは、「私」と「私の外部」との関係性がねじれたことを基盤に持つ行動（それ自体、作為体験に近い）であったと言えないだろうか。

一方、ディオゲネス症候群の自給自足を志向するあり方は、哲学者ディオゲネスに類似しているように見えるが、私的空間の内部にとどまってしまい「自分は自律している」という幻想を生きることでコスモポリテスの実践には至ることはないという点では、哲学者ディオゲネスのあり方とは異なっている。

ところで、第6章では、「ひきこもり」を主体の自律性という観点で浮かび上がらせてきたが、それはとりわけフランスにおいて主流の観点である。この観点でみる限り、「ひきこもり」は、本章でこれまで論じてきたディオゲネス症候群に接近すると言える。ここで、再び、フランスでは、「ひきこもり」が主体の自律性との関係でどのように捉えられているか概観してみよう。

ファンステン（Fansten, M.）は、「ひきこもり」には「時間」の社会的時間に対する脱同期化と同時に、「空間」の社会的空間に対する脱同期化が見られると述べている。前者の「社会的時間に対する脱同期化」については、「ひきこもり」が実行しているのは、社会的時間を形成する外的時間と対立する内的時間に全面的に身を置くことであるという説明がなされている。「ひきこもり」に特有な、時間的な地平における「外部（社会的時間）」から「内部（私的時間）」へのこうした接続は、ラシャンス（Lachance, J.）が、青年の時間性について「全体化した現在」として述べているものに相当していると考えられる。この「全体化した現在」という概念は、「ひきこもり」の青年に不確定さをもたらす源である一方で、快と不快、自律の命令に答えうる新たな機能を有していると述べられており、自給自足を目指しているタイプの「ひきこもり」における欲動が、個人と社会との接続関係においてこれまでと異なった自律したあり方を示しているとも考えられるだろう。

ひきこもり青年には、時間的にも空間的にも全体化へと至る特徴があるが、それは、時間についてであれ空間についてであれ「『私』の内部」に含まれる部分が「『私』の外部」という全体性に引き寄せられながらも、それでも何らかの精神病の発症に至ることのない事態を示していると考えられる。そこでは、もちろん「『私』の内部」と「『私』の外部」を隔てているもの、つまり、第3章で論じてきた「画面」というものが機能していると思われる。「画面」とは、一方で隔てつつ、他方でつながることを可能にするものだからである。確かに、「『私』の内部」が「『私』の外部」とつながっていること自体が、ある種の精神病の発症可能性を示しているのかもしれない。しかし、第2章で述べたように、ある個人が「ひきこもり」の状態をとることによって、精神病症状の発現が阻止されているような「享楽関係内在型ひきこもり」というタイプが存在する。もっともそれは、個人のレベルにおいて精神病症状の発現が阻止されているというよりも、むしろ、「『私』の内部」が「『私』の外部」とつながっていないような自律した個人を想定せず、神との関係で他律的であるような認識論のあり方、つまり、近代以前の認識論の立場をとることからこそ、個人の心的現象の中に精神病症状を見いだすことができないというほうが正確かもしれない。さらに、このタイプは治療の場に自ら現れないことが多い。それは、前述した欲動の自律したあり方が、自身と「享楽」との関係性が自己言及的になっていることを示していることと関係があると思われる。「享楽」との一体化を自ら維持している「享楽関係内在型ひきこもり」は、生活領域の内部に「他者」を持たない。

さて、アリストテレスの自給自足は、社会の中で人間が相互依存しているという考えに基づいた概念である。このようなポリス内での関係性の中の対他的なあり方こそ「人格」であり、この「人格」を基盤にして初めて「個体（individuum）」がポリスの内部で他から区別されうる存在になると言える。しかし、ディオゲネスのコスモポリテスは、ポリスの外部との関係で成り立っている。ポリスの内部に自身と区別されうる「個体」を持たない。そうなると、結局のところ、ディオゲネスにおいて「人格」に相当するものを想定することはできないのではないだろうか。従って、ディオゲネスがどれほど拒絶的な性格に見えても、どれほど厭世的な性格に見えても、どれほど奇異な性格に見えても、そこに本人にとって「人格」に相当するものが存在するとは言えないのではないだろうか。

以上より、近代以降の主体の自律性という観点では、ディオゲネス症候群は「ひきこもり」、とくに「享楽関係内在型ひきこもり」として考えることができるが、近代以前に生きていたディオゲネス自身は、「享楽関係内在型ひきこもり」とよく似た構造を持っていたとしても「ひきこもり」ではなかったと考えるべきであると思われる。本章では、「ひきこもり」がどのような視点でディオゲネス症候群として捉えられるかを論じてきたが、次章ではまさにディオゲネス症候群として捉えられた「ひきこもり」を経験的に、つまり、筆者の精神科医としての臨床における経験から論じてみる。

# 第11章　ごみ屋敷の臨床経験

## 「ひきこもり」の長期化・高齢化

最近の日本のメディアでは、８０（はちまる）５０（ごーまる）問題のように、「ひきこもり」の長期化・高齢化が社会問題としてしばしば取り上げられている。二〇一九年の内閣府の推計によれば、全国で、四〇～六四歳の「ひきこもり」は推計六一万三千人で、一五～三九歳の「ひきこもり」の推計五四万一千人と比べても深刻な数字である。斎藤（2020）は、二〇年後には日本のひきこもりの数は一千万人になると推計し、大量の「ひきこもり」が親を失ったあと孤独死や衰弱死する可能性に警鐘を鳴らしている。

英国でも、近年、高齢化社会などで「孤独な状態にある人間」が急増していることが社会問題化している。英国議会議員などにより結成された委員会が長い期間をかけて福祉団体などと連携して社会的孤独に関する調査を行い、その結果をまとめた提言が二〇一七年一二月に発表され、その提言に基づいて二〇一八年に英国で孤独問題担当国務大臣（Minister for Loneliness）のポストが設置された。人口六五六〇万人の英国には孤独を感じている人が九百万人以上いるとされ、その中には、高齢者だけではなく、若者も多く含まれ、日本の「ひきこもり」に近い若者たちも対象になっている。もっともこのように孤独大臣のポストが設置されたのは、西欧諸国では英国だけであり、フランスではまだそのような情勢にはない。

高齢者の社会的孤立、つまり、「ひきこもり」はフランスではとりわけディオゲネス症候群（Syndrome de Diogène）と呼ばれ、その性質として、社会的に孤立することが自給自足的論理を内包するために、必然的に「ごみ」の収集に向かうことは前章（第10章）で述べてきた通りである。しかし、それはどちらかというと高齢になってから社会的孤立に陥った人である。それでは、最近日本で問題になっているような、青年の頃から既にひきこもっていて高齢化した「ひきこもり」は、ヨーロッパには存在しないのだろうか？　実は、フランスに「ひきこもり」という概念が導入された二〇〇八年頃以前にも「ひきこもり」は存在していた。二〇世紀から既にひきこもっているフランスの「ひきこもり」は今では四〇歳代から五〇歳代になっており、なかには六〇歳代の「ひきこもり」も存在するのは筆者のフランスでの臨床経験上も確かなのである。

要するに、二〇世紀に既にフランスでひきこもっていた人の一部は、ディオゲネス症候群という言葉で呼ばれていたということである。ディオゲネス症候群はその臨床的特徴から、日本語では、「ごみ屋敷」の住人を示す概念に相当することは前章で述べた。しかし、それにもかかわらず「ごみ屋敷」の住人とフランスにおけるディオゲネス症候群とではある重要な違いがあると筆者は考えている。

その違いについて説明しよう。

## 「ごみ屋敷」とディオゲネス症候群

フランスでは、いわゆる「ひきこもり」が自分の状態を言い表す場合には、「私は自分自身を自分の部屋にひきこもらせている（Je me retire dans ma chambre.）」と言い、親が自分の息子がひきこもっている状態を例えば筆者のような精神科医に対して表現する場合には、「息子が自分の部屋にひきこもらされている（Mon fils est cloîtré (enfermé) dans sa chambre.）」と言うことが多い。フランスの「ひきこもり」の注目すべき点は〝Je suis cloîtré (enfermé)...〟と言わずに、〝Je me retire...〟と表現していることである。彼らが、受動形ではなく、再帰動詞で自身の状態を表現するのは、あくまで彼らの状態は能動的な行為によるものであり、同時に、主語（主体）の目的語は、主語と同じ人物、つまり、他ならぬ「ひきこもり」自身であるからだ（「私は自身をひきこもらせている」）。このように、言葉のレベルにおいても、フランスの「ひきこもり」は自身の状態についてポジティブな語りをする傾向にある。ポジティブと言ったが、彼らが自身の「ひきこもり」の状態を楽観視しているという意味ではなく、自分の意志で主体的にひきこもっていると彼らが考えているということである。こうしたことが言えるのは、「ひきこもり」という体験自体、言語と離れたところで生じているわけではないのは日本もフランスも同じであるからである。

なお、母親が新型コロナウィルス拡大防止のために外出できない場合には、「私は新型コロナウィルスのために家に閉じこめられている（Je suis confiné dans la maison à cause du COVID-19.）」となる。いずれにしても、「ひきこもり」の親というものは、何らかの原因があって息子が「ひきこもり」を余儀なくされていると考える（それはフランスでも日本でも同じである）ので、息子の状態を受動形で表現するのである。

母親と二人暮らしで長い間閉じこもっていたあるフランスの「ひきこもり」が、高齢の母親がウィルスに感染してはいけないと気遣って、母親のかわりに買い物へ外出するようになったと筆者に報告があった。しかし、フランスのこのひきこもり男性が「母親を気遣った」というのは、その母親の言葉を通してであることを考慮するならば、実際には、母親の好意的な解釈によるものではないかと思われたのである。むしろ、ひきこもり男性の外出は、ロックダウンにより家の中に移って来た社会の「内」に対する反発としての外出ではないかと思われる。反発としての「ひきこもり」であるのは日本もフランスも同じなのである。

こうした「ひきこもり」が受動的な体験であるのかあるいは能動的な体験であるのかという違いが、前述した「ごみ屋敷」の住人とディオゲネス症候群との重要な違いに直結していると筆者は考えている。前者の「ごみ屋敷」の住人は、何らかの「問題」（例えば「溜め込み障害」という病名があてはめられる）のために、その状態になることを余儀なくされていると捉えられており、後者のディオゲネス症候群のほうは、何らかの「病気」というよりは、むしろ主体的にその状態を形成している人たちであるとして捉えられうる。それゆえに、「ごみ屋敷」の住人のほうは、そもそも社会から退いているという事実に加えて、その状態に対する社会的偏見や社会的疎外のために社会参加する「可能性」すらもが奪われてしまっていると言える。

こうした違いはその呼称に端的に現れている。前者では「ごみ」という、いかにも社会的に不要なものと捉えられる言葉が使われているのに対し、後者では哲学者ディオゲネスの名前を冠されており、その人間性や主体性に準えた肯定的な側面を読み取ることが可能である。

こうした違いが最もよく感じられるような、筆者のフランスでの「ごみ屋敷」の臨床経験について提示しよう。日本では「ごみ屋敷」であっても、フランスではディオゲネス症候群であることに大きな違いがあることが臨床上重要になることを付け加えておこう。なお、事例については、匿名性の保持のために、大幅に内容の変更を行った。

## ディオゲネス症候群の臨床経験

筆者は二〇一七年以降、ストラスブール大学医学部精神科のセクター医療の臨床観察医として定期的にフランスの「ひきこもり」の訪問診療を行っているが、滞在中のある時、「今日はあのディオゲネス（スタッフの間ではディオゲネス症候群を略して『ディオゲネス』と呼ぶことが多い）の家に行ってみないか」と、セクター医療の看護師から当日の朝、提案された。「あのディオゲネス」とは、数週間前からセクターチームで話題になっていた、なんと三十年間仕事せず古書を買い続け、部屋が本で埋没し日常生活に支障をきたしていると、本人の家族からセクターに相談のあった初老の男性のことである。

実は、筆者も、ずっと以前からフランスの一八世紀や一九世紀の挿絵本を買い漁っている収集家で、フランスに滞在した折に講演会や訪問診療のない週末はフランス各地の古書店や古書市を訪れている。だから、古書のディオゲネスと聞くと、筆者自身の大学の研究室や自宅の書斎が頭に浮かび、決して他人ごとではない。このような筆者の習癖はセクターチーム内でもよく知られており、さらに本人は「ひきこもり」でもあるから、これは二重の意味で専門の筆者が行くしかないだろうということで、看護師と訪問することになったのである。

さて、事前に約束した時間に、専用車でアパルトマンまでやってきた。アパルトマンの主ポール(仮名)は、筆者の顔を見て、笑顔で部屋に迎え入れてくれた。部屋を一目見て衝撃を受けた筆者は、「これだけたくさんの本をどこで、いつ頃から集めたのですか?」と彼に尋ねた。ポールの家族が古書のディオゲネスの身内に困り果てているというからには「ごみ屋敷」のようなアパルトマンを想像していたが、実際には、確かに本一冊一冊は埃をかぶっているものも多く見受けられ、床には足の踏み場もないほど書籍が山積みになってはいるものの、「ごみ屋敷」というよりは「古びた書斎」という印象を持ったからである。

**ポール**「約三十年かけて、市内の古書店で買って集めました」

**筆者**「主に歴史書や小説が多いですね。向こうの棚には一九世紀の古書もありますね」

ポール「よくわかりましたね」
筆者「ええ、私も、こういう本を集めていますからね」
ポール「あなたは日本からフランスに来たのですか。私は日本の文化がとても好きです。ここで本に囲まれて生活していればそれで私は満足です。ところで、あなたは Josèphe という人物を知っていますか？」
筆者「フラウィウス・ヨセフス（Flavius Josèphe）ですか？　知っていますよ。ローマ時代の歴史家で、壮大なユダヤ史を書いた人でしょう」
ポール「よくご存じですね。今日はあなたが来るまではヨセフスの伝記を読んでいました。あなたに私の秘蔵している書物を見せましょう」

その後、仕事を忘れて、一時間ほど書物をあれこれ見せていただいて最後は看護師の視線にはっと気がついてアパルトマンを後にしたが、訪問中はすっかりフランスの古書店を訪れている気分であった。筆者は、彼が「ごみ屋敷」、いや、ディオゲネス症候群であることすらもすっかり忘れていたのである。

次の「ひきこもり」の家へ向かう車中、看護師は筆者に「僕は Josèphe のことは知らなかったよ。彼は Tadaaki（筆者）が Josèphe のことを知っていると聞いて嬉しそうだったね」と言っているのを聞いて、彼がディオゲネス症候群であることすらもすっかり忘れてあたかもフランスの古書店を訪れている気分でいたことが、実は彼にとって最もよかったのだろうと思ったものである。数日後、再び、直接ポールから「あの日本人の精神科医に来て欲しい」とセクターに連絡があったのもそれが理由であるのだろう。

その二週間後、再び、ポールがポールを看護師と共に訪れた。

**ポール**「お待ちしていました」

**筆者**「いかがですか？」

**ポール**「元気です。あなたが来るのを待っていました。ところで、あなたは、公園の中にある古書交換所をご存じですか？」

**筆者**「いえ、知りませんが」

**ポール**「あなたが本がお好きならぜひ行くことをおすすめします。その交換所には、本棚があって、そこでいらなくなった本を置いておくこともできますし、欲しい本を自由に持ち帰ることもできます。特に置いていかなくてももらってくるだけでもよいのです。私はそこに時々出かけていって持ち帰ってくることがあります」

**筆者**「それは、大変興味深いですね。あなたは、そこに本を置いておくことはあるのですか？」

**ポール**「それはあんまりないですけどね」

**筆者**「私も、早速、週末に公園に、行ってみます」

次の「ひきこもり」の家へ向かう車中、看護師は筆者に「Tadaaki（筆者）が公園で本をたくさんもらってきたらTadaakiもディオゲネス症候群になってしまうよ！」と言われ、彼がディオゲネス症候群であることをすっかり忘れているどころか、自身もディオゲネス症候群への一歩をさらに進めていることにはっと気がついたものである。

さらに、その次の訪問で、ポールの筆者を目にしたときの表情は待っていましたと言わんばかりにますます明るくなり、日本の「ごみ屋敷」の住人の拒絶的なイメージとは全く異なっていたのであった。そこで、筆者は、ポールに、公園の古書交換所に行ってきたエピソードを語ったのであった。

## 事例についての考察

ポールには、思考過程、記憶、知能、感情や気分の状態、意欲や行動などに問題となる所見はないことが予想された。また、自閉症スペクトラム障害である印象も受けなかった。とりあえず、本の過剰収集癖というくらいにしか症状は見いだされなかった。本の過剰収集癖と言えば、確かに、愛書狂（bibliomanie）という言葉がフランスには存在する。-manieという用語は精神医学の疾患用語に見られるものも多いが、愛書狂という用語は精神医学の疾患用語にはない。しかし、愛書狂の場合も窃盗症（Kleptomanie）などと同様に、「他の精神機能においては特に問題がないがその一点のみにおいて異常である」というういわゆる古典的なエスキロール（Esquirol, E.）のモノマニー（monomanie）の定義にあてはまっていると思われる。実際にこのモノマニーの特性と、ポールの「思考過程、記憶、知能、感情や気分の状態、意欲や行動などに問題となる所見はない」ということはほとんど一致していると言える。現代の精神医学の用語には、窃盗症という言葉があって愛書狂という言葉がないのは、前者は窃盗それ自体としての行動がそのまま社会的問題に結びつくが、後者はどれほど本を買ってもどれほど本自体に執着してもせいぜい読書家であると肯定的に解釈されてしまい、それだけでは通常は社会的問題に結びつかないからであろう。

さて、現代の診断としては、ポールは、前章における堆積者であり溜め込み障害ではあるが、特にそういう症状がなかったことから強迫性障害ではないので、前章の「堆積者」で「溜め込み障害」ではあるが、「強迫性障害」ではないゾーンに属する人であると思われた（第10章図1）。

しかし、ここで重要なのは、ポールに特殊な症状を発見することではなく、客観的・主観的所見のなさと本人の「ひきこもり」の状態との乖離についてであろう。さらに、ポールの態度のあり方を記述しようとするならば、とても「拒絶的」と言い表されるものではないと思われた。ポールは目前に筆者が現れたときには「普通」の態度を示していた。むしろ、その印象と、何十年もの間社会参加を「拒絶」し続けているという点との間に乖離が見られたことが重要なのである。ポールが、長い間、拒絶的な態度を示したのは家族がある時期に精神科医療へとつなげようとしたときの家族に対する態度のみであった。筆者の会ったときの印象は、「外的援助を差し出しに訪れた人々に対して高慢で疑い深く、感情的に変化しやすく、攻撃的」であるようなディオゲネス症候群の拒絶のあり方とは異なるものであった。それゆえに、「外的援助を差し出しに訪れた」というそのあり方が重要であると考えられたのである。

それでは、ポールが筆者の訪問を受け入れたのはなぜであろうか？　日本の「ごみ屋敷」の住人とフランスのディオゲネス症候群とでは、前者が寛容さを欠いた性格で、後者が寛容な性格であるというように、性格が異なるからであろうか？　筆者はそうは思わない。筆者の訪問を受け入れた理由は、訪問する当の筆者が、ポールのことを「ごみ屋敷」とは思っていなかった、さらには、ディオゲネス症候群であることもすっかり忘れていたことが大きいと思われる。「ごみ屋敷」という言葉のニュアンスには、社会的に不要な存在であることが暗に込められている。つまり、社会的疎外の要素が極めて大きいのである。こうした人々は、仕事を退職してから、つまり、社会から退いて以降、ある種の社会との繋がりを求めて収集にこだわっているところがある。ところが、収集そのものの行為によって社会から疎まれてしまい、さらに、そのように思われているのではないかという意識がより社会との距離を広げてしまうのである。そういうわけで、そのような本人が退けられていると思っている「社会」の側からの訪問者を拒絶するのも当然なのであろう。

それゆえに、筆者の存在は、ポールにとって、本人が退けられていると思っている「社会」の側からの訪問者ではなかったことが、本人が筆者を受け入れたことにつながったのであろう。筆者としては、特に治療上の必要性からの演技をしたわけでもなく、心の底から、ポールのアパルトマンを宝の山であると感じたわけであるが、おそらくはそのことをポールも直感したのであろうと思われる。

「ごみ屋敷」という呼称が既に、社会の不要物というニュアンスがつよく、それについては、ディオゲネス症候群という呼称のほうが本人の主体性を尊重してはいるが、訪問者が社会の不要物と思いながら、表面的にだけ支援に来ましたという体裁では、本人はそうした訪問を受け入れないのは当然であると思われる。

なお、ポールの集めているものは本という読むことができるものであって、通常の「ごみ屋敷」の住人はもっと役に立たないものを集めているのではないか、という意見もあるかもしれない。しかし、その通常の「ごみ屋敷」の住人も、「宝」とは思わずとも「(いつか)役に立つもの」、あるいは「大切なものが混ざっている」と思って集めている。そのような意味では、ポールも通常の「ごみ屋敷」の住人も変わらない。むしろ、周囲の「役に立たないものを集めている」という眼差しこそが、本人を社会の不要物とみなしている眼差しと重なるのではないかと思われるのである。

## 「支援」の問題性

本章で取り上げた筆者の臨床経験は、フランスにおける特異的な経験ではなく、日本の「ごみ屋敷」(この呼び方がよくない理由はこれまでに述べてきた通りである)の支援のあり方にも通ずるところがあると思われる。さらに言えば、そもそも「支援」という言葉が既に、「支援」をして欲しくはないと思っているのが本質であるようなこうした人々の理解を取り逃がしてしまっていて、それがさらに「支援」を難しくしている可能性があることを、本事例を通して理解することができた。それなら、具体的にどのような訪問者であれば彼らは受け入れるかについては、筆者の考えを中心に次章で論じることにしたい。

# 第12章　日本と海外のごみ屋敷に対して何ができるか

筆者は、ここまで、「ごみ屋敷」というものを、ある人においてある種の社会関係に行き詰まりが生じているところに、近隣や世間などの外からの眼差しによって生み出され、一方で、「ごみ屋敷」を作り出している人自身は社会関係の行き詰まりをある種のモノで補おうとしているのではないかと考えてきた。さらに、日本というよりは、西欧諸国（とりわけフランス）では、同じ「ごみ屋敷」を作り出している人に対してある種の主体性が見いだされており、そして、筆者は「当の高齢者が話し合いに応じない」と頑固さや怒りっぽさなどの特徴を読み取るよりも、「集める（集まる）もの」についての語りにその主体性を読み取ることに、意味を見いだしてきた。こうした考察は、日本と海外の「ごみ屋敷」に対して何ができるかということについて筆者なりの考えに結びつくのではないかと考えている。本章においては、その考えについて論じていきたい。

こうした考えは、いわゆる「ごみ屋敷」を生み出さないための社会作りをするためにはどうしたらよいのかという問いにも繋がると思われる。しかし本章では、それでも「ごみ屋敷」という結果に至ってしまった場合にはどのように対処されるのか、何ができるのかということを論じていこう。

### 条例作りから精神医学へ

ごみ屋敷の対処としては、基本的には、ある自治体に問題とされる事例が発生してから、後を追うかのように、条例作りがその自治体で行われるのが通常である。それは、その法的対応という側面で北村（2019）も述べているように、「ごみ屋敷は、空き家よりも格段に『手強い』事象のようである。その最大の理由は、問題とされる状況を創出する原因者個人の属性にあるように思われる」からである。

鍬持（2019a）によれば、東京都世田谷区では二〇一三年に区内のマンションの一室でミイラ化した遺体が発見され、その部屋が「ごみ屋敷」状態であったことを一つの契機として、「世田谷区住居等の適正な管理による良好な生活環境の保全に関する条例」が、二〇一六年三月八日に制定され、同年四月一日から施行されている。また、豊田市では、二〇一五年八月に「ごみ屋敷」で火災が発生し、その住宅が全焼、隣接する三軒にも延焼した。これを受けて、豊田市は、半年間の検討を経て、二〇一六年三月三〇日に、「豊田市不良な生活環境を解消するための条例」を制定している。また、神戸市でも二十年近くごみを大量に堆積している「ごみ屋敷」の事案があり、新聞報道等もなされるなどマスコミからの注目が高くなったところで、二〇一五年六月に「ごみ屋敷対策庁内検討会」が設置され、そこでの検討を踏まえて、「神戸市住居等における廃棄物その他の物の堆積による地域の不良な生活環境の改善に関する条例」が、二〇一六年六月二九日に制定され、同年一〇月一日から全面施行されている。釼持（2019a）では、これらの条例の運用状況についての報告がなされている。

もちろん、条例作りが問題解決のための先進的な取り組みへと結びついた自治体もある。釼持（2019b）の報告によると、練馬区「ごみ屋敷」の事案について、アウトリーチ事業と練馬区条例を個別事案に応じて組み合わせながら、本人への支援を中心とした対応が図られている。また、滋賀県野洲市は、多重債務者や生活困窮者等の一人一人に対し、「おせっかい」を合言葉に、手厚い支援を行ってきた。「生活困窮者等は、社会災害の被害者である」と捉え、自然災害の被害者と同様に、市が積極的にアウトリーチし、徹底的に支援していく必要があると考えられている。豊中市では豊中市社協による、「ごみ屋敷」問題への先進的な取組みとしてのコミュニティソーシャルワーカー（CSW）や福祉ゴミ処理プロジェクトの実現へと結びついた。

こうして俎上に上がってきた事例は、第9章でも論じてきたように、現在は、個人の中の要因に還元され、精神医学的問題であるとされることが多い。足立区の祖傳（2019）の報告によれば、「モデル二五事例」から始まったごみ屋敷対策では、二〇一八年一二月末日までの約六年間で、「一六四事例」を解決したとされ、「ごみの収集癖と他者との接触拒否が重複する対象者には、精神疾患や発達障害などが疑われる事案が多くみられる。このため、医療保健・福祉分野との連携を強化していく必要がある」と述べられている。さらに、京都市の木本（2019）の報告によれば、「ごみ屋敷状態であることは、本人が抱えていながら認識がなかった、又は、行政や地域社会などが気づくことができなかった『課題』が表出する『症状』であると言える」と述べられており、個人の中に還元可能な、「病気のモデル」にあてはめられようとする傾向がある。

要するに、「ごみ屋敷」に対する対応として条例作りがなされると、近年では、大きな要因の一つとして、精神医学的な要因がそこに見いだされることが多いのである。日本都市センターの、二〇一八年一月の、市区を対象に全国調査を実施した報告（調査対象全国八一四市区（七九一市、二三特別区）、回収状況三七〇件（四五・五％））によると、「ごみ屋敷」の「考えられる発生要因」として、①家族や地域からの孤立（一九二（二五・四％））、②統合失調症やうつ病などの精神障害、精神疾患（一八六（二四・六％））、③経済的困窮（一八二（二四・〇％））、④判断力の低下、認知症（一六五（二一・八％））、⑤身体能力の低下、身体障害、身体疾患（一五三（二〇・二％））、⑥本人の気兼ね、プライド（一四七（一九・四％））、⑦ライフイベント（例／家族の死亡、失業）（九八（一二・九％））、⑧発達障害（六六（八・七％））、⑨知的障害（六四（八・五％））、⑩身体的・心理的虐待、ネグレクト（三〇（四・〇％））、⑪アルコール関連問題（三〇（四・〇％））、⑫消費者被害・経済的虐待（三（〇・四％））、⑬その他（一四七（一九・四％））があげられており、こうしたことを根拠に原因者個人への対応が主張されている（北村喜宣、2019）。

また、菅原（2019）の報告によると、二〇一八年一月に行われた全八一四市区に対する自治体調査から、精神障害に関連していると分類できる項目（WHOの診断基準ICD-10でFコード（精神および行動の障害）に分類される項目）について、「統合失調症やうつ病などの精神障害（疾患）」と「発達障害」、「知的障害」、「アルコール関連問題」で合計すると全体の四七・四%、「認知症」を含めると七〇・〇%を占めていたと指摘されているが、そうした診断の根拠は全て操作的診断、つまり、診断基準に機械的に当てはまったということであった。そして最終的には早期支援と専門家のアウトリーチの必要性が主張されている。

このように、ある人物が、「ごみ屋敷」を作り出すような結果に至ってしまった場合には、条例作りを経て、精神医学の手に委ねられることが多い。それでは、当の精神医学の側は、どれほど科学的な根拠によって「ごみ屋敷」を作り出している人に疾患などの基盤を見いだして対処することができるのだろうか。

筆者は、本書の第4章で、それ以前から存在していた「ひきこもり」に類似した現象が一九八〇年代に入って変化を見せ始めたのは、主として医療との関係が確立されるようになってきたことに因ることが大きいと述べた。そして、医療との関係が確立されたのは、「ひきこもり」に疾患としての明確な医学的基盤が発見されたからではなく、治療の現場に「ひきこもり」が登場し(正確には「連れてこられた」と言うべきであろう)治療の要請が高まってきたことがきっかけであるということは、既に論じた通りである。つまり、厳密には、「病い」の側で語られるようになったと言ったほうが正確なのである。「ごみ屋敷」を作り出している人についても、三十年ほど遅れてはいるもののほぼ同様のことが起きていて、二〇一八年頃から「病い」の側で語られるようになっているということではないだろうか(第4章図4参照)。つまり、「ごみ屋敷」を作り出している人について、ある種の社会関係に行き詰まりが生じているところに、近隣や世間などの外からの眼差しによって「ごみ屋敷」の概念があてはめられたことによって、「病い」の側で語られるようになったと考えることができるのである。

しかし、第11章においてフランスの事例について述べてきたように、そもそも彼らが集めているのは「ごみ」ですらなく、そのものを通して社会と繋がろうとしていると考えることができるのではないだろうか？　それは既に述べてきたように「集める（集まる）もの」は、自然物というよりは、人間の行為の痕跡が刻まれているもの（使われたもの、食べられたもの、飼われていたもの、読まれていたもの、など）が多いこととも関連している。彼らが集めているもの、あるいは集めていて大事に保存しようとするものは、第3章で述べてきたような、ひきこもり青年にとっての「画面」を通して見えるものであり、ひきこもり青年たちが、社会を一方向的に眼差すとはいっても、直接眼差すわけではなく、こうしたパソコンなどの「画面」を通してであるように、「ごみ屋敷」を作り出している人も、「ごみ」を通して社会を眼差していると思われるのである。

## 「ひきこもり」の治療論の応用としての「ごみ屋敷」対応論に向けて

「ごみ屋敷を作り出している当の人が話し合いに応じない」と頑固さや怒りっぽさなどの特徴が指摘され、そのことが対応の難しさと関連していると考えられる傾向にある。しかし、「片付けなさい」という形式的な説得に対して怒りっぽくなるのであって、「集める（集まる）もの」についての対話は応じるのではないだろうか、ということは第9章で主張してきたことである。実際、第11章で、筆者の訪問診療を、フランスの「ごみ屋敷」の住人が受け入れた理由は、訪問する当の筆者が、この男性のことを「ごみ屋敷」住人とは思っていなかった、さらには、ディオゲネス症候群であることもすっかり忘れていたことが大きいと思われるということも、既に述べた通りである。彼らは、仕事を退職してから、つまり、社会的位置づけから退いてから、ある種の社会との繋がりを求めて「ごみ」の収集にこだわっているところがある。ところが逆説的に、収集そのものの行為によって社会から疎まれてしまい、さらに、そのように思われているのではないかという意識がより社会との距離を広げてしまう。そういうわけで、そのような本人が退けられていると思っている「社会」の側からの（自分のことを「ごみ屋敷」住人と思っている）訪問者を拒絶するのも、全く当然なことなのであろう。そこで、次に、こうした「ごみ屋敷」を作り出している人の本性をふまえたうえで、ひきこもり青年に精神医学的に長く関わってきた筆者の立場から、現実に可能な対応であるかどうかは措くとして、筆者なりの「ごみ屋敷」対応論について考えてみたい。

筆者は、第7章で、「ひきこもり」の治療の一環として大学内において実践されているグループ活動について紹介し、そのことがなぜ効果があるのかについて論じた。それは、「ひきこもり」を医療化すること自体が、かえって、本人の社会との隔絶を広げている場合があるのではないかという考えがあったからである。こうした医療化の方向性とはむしろ反対に、「ひきこもり」のある種の「力」を利用して、社会との繋がりを回復させようとするのがグループ活動の目的であり、その「力」とは、ひきこもっている人の趣味やコレクションの持っている力であった。それは、趣味やコレクションが、本来は社会との繋がりを求めるものであったという筆者の考えが基盤にあるからである。第3章で、それが、パソコンなどの「画面」を通して「ひきこもり」が社会を眼差し続けることと関連があることについて論じたこととも関係する。そして、第11章で、フランスの「ごみ屋敷」の住人を筆者が訪問した際に、筆者が受け入れられ、ある種の「対話」が成立したのは、筆者の存在が、この男性にとって、本人が退けられていると思っている「社会」の側からの訪問者ではなかったためであるということも、既に述べたとおりである。そのような本人が退けられていると思っている「社会」との繋がりを求めて「ごみ」を収集しているわけであるから、本来の本人の目指している「社会」との繋がりさえある程度達成できれば、「ごみ」の収集は必要がなくなるということになりはしないだろうか。

もちろん、そのような本人が退けられていると思っている「社会」の側からではない外からの訪問者があればよいだろう。しかし、それは現実的にはなかなか困難である場合が多いと思われる。ここで、さらに筆者が夢想したのは、「ごみ屋敷」の住人が一同に集い、お互いの「ごみ」を自慢し合う会の開催である。自慢し合うことによってそこにお互いの中で社会との繋がりが生じるからである。もちろん、こうした試みは到底実現できないだろうと思われるかもしれない。しかし、実際にお互いの「ごみ」を自慢し合う会の開催は困難であっても、「ごみ」を「ごみ」として、つまり、不要物として考えている支援員がいくら「ごみ屋敷」の住人に接近しても、拒絶されるのはほぼ間違いないと思われる。逆に、「ごみ屋敷」の住人を無理に集めて集団で語り合う場をもうけることまでしなくても、対応する人が本人との対話の中で本人の収集しているモノをリスペクトして、さらには、そのモノを自慢しようという気持ちを本人に引き起こす手腕さえあればよい（それも表面的な態度では難しいと思われる。心の底からリスペクトしている人の存在が重要であると思われる）のかもしれない。

さらに言えば、「ごみ」を集めつつあるかあるいは既に溜め込んでしまった人について、自治体が条例を作成して医療の側に彼らを引き受けさせてしまう前に、こうした人でも大抵の場合持っていることが見いだされるある種の「力」を利用して、そもそも医療化を防ぐことができるのではないかと思われるのである。もしある自治体で「ごみ屋敷」が現れた場合に、その住民をある医療機関に「治療を依頼した」というニュアンスになってしまうと、それだけで、本人の中にさらには周囲の人にもその住民は病気であるという意識が生じてしまうので、そうなる前に可能なことがあればしてしまうほうが望ましいと思われる。

最後に、以上のことは、日本の「ごみ屋敷」だけにあてはまる対応なのか、あるいは、海外の「ごみ屋敷」にもあてはまるのか、という問いについて考えることにしよう。本人が退けられていると思っている「社会」との繋がりを求めて「ごみ」を収集しているというのは、日本の「ごみ屋敷」の住人にも海外の「ごみ屋敷」の住人にも言えることなので、どちらの「ごみ屋敷」にもあてはまる対応であるだろう。しかし、例えばフランスでは、同じ「ごみ屋敷」を作り出している人に対して、本人によってもあるいは周囲の人々によってもある種の主体性が見いだされているということは、既に繰り返し述べてきた通りである。そういう意味では、とりわけフランスのほうが、対応する人がそのモノを披露しようという気持ちを本人に引き起こすこと（つまり、「対話」を生じさせること）はそれほど難しいことではないのかもしれない。日本の「ごみ屋敷」を作り出している人のほうが、本人が経験してきた社会的疎外の勢いが圧倒的に強く、そのような気持ちを引き起こすことははるかに困難な道であるのかもしれないのである。

以上、日本や海外の「ごみ屋敷」住人に対して精神科医である筆者に何ができるのかを、第Ⅰ・Ⅱ部での考察を踏まえながら議論してきた。「ごみ屋敷」住人が本人が退けられていると思っている「社会」との繋がりを求めて「ごみ」を収集していることがわかった以上、さらには、「ひきこもり」も「社会」を意識してパソコンの画面を眺めていることがわかった以上、次章（終章）では、総括として、「ひきこもり」や「ごみ屋敷」住人を生み出している原因が、社会の側にあるのか個人の側にあるのかという問いについて考える。

# 終章　個人の病理か、社会の病理か

筆者はフランスでの「ひきこもり」の訪問診療や講演活動のために、一年に三度、一回で二ヶ月弱ほどフランスや周辺諸国に滞在してきた。二〇二〇年は三月上旬に日本に帰国したが、その頃フランスは新型コロナウィルスの感染者数が急増し、帰国して四日ほど経ってから、カフェやレストラン、映画館などの閉鎖が決定され、その数日後には生活必需品の買い物など必要な理由がある場合を除き外出禁止令（confinement）がフランス全土で施行された。筆者は、そのような大混乱の前夜の数日前に、フランスを何事もなく予定の期日に出国した。出国の前々日には、予定通り、筆者が監修をして「回り道（Détours）」という名称の「ひきこもり」家族相談窓口を運営しているストラスブールにあるITHAQUEという施設で、「ひきこもり」の家族向け合同相談会を行った。合同相談会の当日の時点では、フランスの連帯保健大臣による、握手や挨拶のキスの自粛勧告のみが出されていた段階であった。合同相談会の日は、日中の訪問診療を終えて、市内のカフェで少し休憩をしてから、施設に向かった。訪問診療中も、フランスの「ひきこもり」やその親たちとの握手は自粛傾向にあった（少なくとも二〇二〇年三月に入ってからそういう傾向にあった)。日本に帰国したときは、再び、五月中旬に渡仏して、訪問診療や講演を再開する予定であったが、新型コロナウィルスが見る見るうちに世界中でパンデミックとなり、第一波が収束しかけても、立て続けに、第二波、第三波、そしてこの章を書いている現在でも、第七波がやってきて先の見えない状態である(二〇二二年九月三〇日現在)。

かくいう筆者は、現在、この章をフランスのストラスブールで執筆している。二〇二〇年に日本に戻ってから一年以上渡仏できず、その間は、フランスの訪問診療チームのスタッフや「ひきこもり」家族相談窓口の相談員とはテレワークの形で症例についての検討や情報交換を行っていた。それは、その間、日本だけではなく世界中で全ての人が、テレワークをしていたのと同様であった。渡仏できない一年以上の間、フランス全土の「ひきこもり」の親から、筆者のもとにフランスの訪問診療チームや「ひきこもり」家族相談窓口を通して、「Dr. Furuhashi は、いつになったらフランスに来てくれるのですか? 息子がひきこもって、五年も経過してしまっているので、オンラインでもよいので、どうしたらよいかアドバイスをもらいたいのですが」というような連絡が次々と届いていた。

フランスは、二〇二一年度は外務省が公開している新型コロナウィルス感染症危険情報では、他の西欧諸国とともにレベル三「渡航中止勧告」とされる時期が続き、これらの国・地域への渡航は、筆者の所属している大学を含め日本のほとんど全ての研究者がこの勧告に従わざるを得ない状況の中、筆者は医療従事者であり新型コロナウィルスワクチンの優先接種を日本で二〇二一年三月に受けたこと、筆者のフランスにおける臨床研究活動の重要性や、マクロン大統領が後援している学術集会で筆者の特別講演が予定されておりフランス政府からの要請によるものであるという諸々の理由により、大学によってフランスへの渡航が特別許可され、二〇二一年五月二三日から渡仏することができていた。

フランスに一年二ヶ月ぶりに来てみた当時は、それほど以前と街の雰囲気が変わっていないことに安堵はしたものの、それは、外出禁止令の解除が段階的に始められ、筆者がフランスにやってくる数日前からレストランの店内での飲食が認められた（最大六人までであった）ことによって、日常が取り戻されつつあることによるのだろう。しかし、「日常」が戻ると「ひきこもり」はその日常の圧力を感じやすいところがあるので、実は、フランスの人々の中には、ロックダウンの解除後もそのまま社会参加ができないままになっている人が多くいるという報告が、筆者のもとにいくつか届けられていた。

筆者がストラスブールに滞在していることを聞きつけて、早速パリから二四歳のひきこもり青年の両親が本人と共に同地を訪れてきた。息子が三年ほど閉じこもってゲームばかりしていて、フランスの他の精神科医に相談したが、何ともならず、最後の頼みの綱と思って何とか「ひきこもり」の専門家に話を聞いてもらえないだろうか、ということなのであった。また、前述のストラスブールに筆者自身が監修をして開設した「ひきこもり」家族相談窓口には、フランス全土より親からの相談の電話が殺到しており、二〇二〇年三月から新型コロナウィルス感染症拡大防止のために中断したままになっていた家族向けの合同相談会も、二〇二一年六月に再開することができた。

日本にいれば、息子や娘がひきこもってしまった場合でも、その親は「ひきこもり」の専門家がたくさん存在することや、町で、「ひきこもり」のＮＰＯなどの活動場所があったり、親の会のようなものがあったりすることを程なくして何らかの形で知ることになるだろう。しかし、フランスでは「ひきこもり」の専門家が少ないし、もちろん「ひきこもり」のＮＰＯの活動や親の会などは皆無なので、フランスで「ひきこもり」家族相談窓口を開設すると、それを聞きつけた「ひきこもり」の親がフランス全土から駆けつけてくるような状況なのである（フランスの公共テレビ放送に筆者が出演したということも大きいのであるが）。筆者の印象では、以前であれば、フランスでは成人した息子が精神科を受診するときに親が付き添うことなどあり得なかったが、ここ最近では、そのようなことが見られるようになってきている。

それにしても、一体なぜ、ヨーロッパの青年たちにおいて（さらには、高齢者の孤独を含めると、いずれの世代においても）、こうした社会的孤立、つまり、「ひきこもり」現象が起きているのだろうか？　少なくとも新型コロナウィルスのパンデミック以前から問題にはなっていたので、新型コロナウィルスはより事態を悪化させはしたが、そもそもの原因というわけではない。少なくとも、フランスで「ひきこもり」という概念が使われ始めた、二〇〇八年頃から生じていた現象ではあったと思われる。それでは、それ以前は存在しなかった現象なのであろうか？　さらには、現代社会の変化が青年個人にもたらした影響の産物なのであろうか？　あるいは、それぞれの青年の人間性のようなものが変化したということであろうか？

こうした問いに答えるのが難しいのは、個人はその個人を離れて観察しないと、その個人の中から見えるものだけでは限界がある（実際に、「ひきこもり」本人と話をすると全く正常に見えてしまうことはしばしばあることである）し、社会もその社会を離れて観察しないと、その社会の中から見えるものだけでは限界があるからである。筆者が日本の外からあるいは外で「ひきこもり」について語り観察しようとしてきたのは、「ひきこもり」を生み出している日本社会が相対化され筆者にとってよく見えるようになるからであるということは、これまで本書を通じて述べてきた通りである。この点に関して、二〇一八年一月三〇日に筆者がフランスの旧植民地であるモロッコ王国の首都のラバト大学医学部で講演をしたときの司会の医学部精神科教授との議論を以下に紹介しよう。

**司会の医学部精神科教授**「ひきこもり研究について必要なのは分類学ではないでしょうか？　生き方と病気とが混ざっているので、どこまでを『ひきこもり』とするかという分類学が必要ではないでしょうか？　インターネット依存も同じようなところがあります。ところで、一つ質問なのですが、なぜ、日本なのでしょうか。これはとても興味があります。あるアメリカの臨床心理士は、日本は好きだけどとても生きにくい社会だと言っていました。なぜこの現象はとりわけ日本で生じているのでしょうか？」

**筆者**「それはなかなか難しい質問ですが、社会の中での生きにくさのみが原因だとしたら、現在のように、他の国、ヨーロッパ諸国にまで広がっていることは説明できないでしょう。おそらく社会的な原因だけではなく、家庭的な原因、さらには、空間的な原因などさらに複合的な要因が日本には存在していると思います。家庭的な原因としては、日本においては母親と子どもとの距離が極めて近く、一つの巣のようになっていて、まるで、『ひきこもり』のような関係です。空間的な原因としては、日本に玄関（Genkan）というものがあるのをご存じでしょうか？　日本のどの家にも玄関がありますが、それは内と外を分けるものです。それは社会の内と外ではあるのですが、空間的にも内と外を分け隔てているのです。そして、『ひきこもり』にとって家の内側は私的で神聖な空間となっているのです」

**司会**「なるほど。そうなると、ひきこもっている人の部屋の扉を叩かないと中に入れないわけですか？」

**筆者**「はい。というのも、それはその扉が内と外を分ける境界になっているからです。こうしたことが日本に『ひきこもり』が生じた空間的な原因の一つと思います」

以上の議論からもわかるように、個人にとって社会とは、金魚鉢の中の金魚にとっての金魚鉢それ自体のようなもので、日本に留まったままでは見えず、その社会を一歩離れてはじめて見えてくるような存在なのである。日本の玄関は、そこで靴を脱ぐという目的を有する日本に特有な文化や慣習であるという意味を超えて、つまり、内と外を隔てる空間的な役割を果たしているだけでなく、社会の内と外を隔てる役割を果たしているということである。それゆえに、日本から遠く離れたモロッコからだからこそ見えてくるような、「ひきこもり」を生み出している社会的な側面があるということである。

それでは、「ひきこもり」を生み出している原因は社会の側にあって、個人の中には全くそのような原因はないということが言えるのだろうか？　このような問いに関して、二〇一九年二月一八日にストラスブールの「ひきこもり」家族相談窓口が主催して、「ひきこもり」の家族や当事者向けに、筆者が「ひきこもり」について講演したときのフロアと筆者との間のディスカッションの内容を以下に示そう。当日は、会場は大変な賑わいで、一つの部屋ではおさまりきらず、モニター中継をされた別の部屋まで急きょ準備されたほどであった。

**フロアのある「ひきこもり」の家族**　「今日はここから二百キロメートルほど離れたところからやってきました。私の甥が二、三年このような状態なのです。今日ここに来ることも本人に話しています。母親や義理の妹などあらゆる方向から本人になにが起きているのかを把握しようとしてきました。病気があるのかどうかを私なりに考えてみましたが、私は両親や諸々の制度の責任の問題があると思います。学校に行っていたときはちょっとした問題があったようです。最初のころは何が起きているのかもわかりませんでした。彼には新しいことをする能力がないようです。私が彼の部屋に一度入ったことがあります。その時彼は、二、三回外で暮らしてみて、そのあと家にもどってきた、と言っていました。確かに年齢の若い『ひきこもり』の原因は家族にあると思いますが、年齢が上になってからの『ひきこもり』の原因は別ではないでしょうか。会社側とか。それが事例の隠された部分ではないでしょうか」

**筆者**「まずお話しておきたいのは、ひきこもりは、病気（maladie）ではないということです。病気ではないにもかかわらず、二年も三年も閉じこもってしまうところが重要なのです。あなたの甥御さんは『ひきこもり』かもしれませんが、『ひきこもり』が、ああ言った、こう言ったというだけでは不十分でしょう。『ひきこもり』について、何かの図式を用いてこうだと一般化してみても、それでも何か特異的な（singulier）ものが残るのです。それは、統合失調症にも還元できなければ依存にも還元できなければ病気にも還元できないわけです」

**ある元ひきこもり女性**「私はあなたのいう元ひきこもり（ex-Hikikomori）で、かつて二五歳の時から四年ほどひきこもっていました。日本では知識階級の『ひきこもり』が多いように思いますし、医療との距離が近いように思いました。ここにはあなたの言うパラドックスがありますね。私はひきこもっている間、マンガなどを読んで過ごし、外に出ようともしましたが、うまくいきませんでした。あるとき、外に出て誰かと話をして、ネット上でも誰かと出会ったり、ゲームのフォーラムに参加したりもしました。そのフォーラムには日本人も多くいました。私はかつては朝七時に起きてゲームにすぐに向かい合っているという人でした。その後、試験に通って、今では、教師をしています。しかし、それでも真の意味で解決したわけでもありません。私はもうゲームはしませんが、でもいつもまた『ひきこもり』の状態になる危険性があるのです」

**筆者**「あなたのおっしゃるとおり、日本では『ひきこもり』と医療の距離が近いと思います。私の意見では、重要なのは、『ひきこもり』という現象について誰が責任を持つのかということです。日本では、『ひきこもり』を生み出している社会が責任を負うべきであるという考えがあると思います。社会が責任を負うなら国が責任を負うことになります。だから日本では『ひきこもり』対策のために国によって多くの助成金が投資されることになるわけです」

**あるひきこもり男性**「私はもともと『ひきこもり』でした。あなたの講演で自律のことについてうかがってなるほどと思いました。自律としてひきこもるなら、私が外出しても、自律を実現していることになりますね。私の質問は、あなたは講演で失敗が『ひきこもり』へと至ることがあるとおっしゃっていましたが、それがどのようになのかということです」

**筆者**「ひきこもりのきっかけとしての失敗が、日本に較べてフランスのほうが比較的明確ということです。現代社会は個人に自律を促す時代になっている、つまり、社会が個人に自律を維持することを求めようとするので、当の個人は何らかの失敗を経験したときに、社会的孤立を選択することを余儀なくされてしまうのです。そうなると、本人の中では自発的に、さらには、自律として、ひきこもっているとはいっても、社会との関係においては実際には『ひきこもり』を選択せざるを得ないと言えるでしょう」

**あるひきこもり女性**「私は『ひきこもり』です。『ひきこもり』の原因は、学校制度と関係があると思います。いずれにしても学校制度を最後まで達成できなかったら『ひきこもり』しかない生活を余儀なくされていると思います。孤立すると、ゲームばかりする生活になるわけですが、それで満たされるわけでもありません。そこで、その孤立への到達は完全なものなのか?、というのが私の問いです。さらに、我々の消費社会についても考える必要があります。こうした消費社会はスマホなども含めて若者向きの社会で、それも関係していると思います。ですから、こうした若者の消費しているものについて、薬物などを含め考察するのが良いのではないでしょうか。

私の場合はひきこもってはいましたが、友達と住んでいて、友達が私の嫌いなたばこをたくさん吸うので外に出ることにしたのです。それで私たちは別れることになりました」

**あるひきこもり男性の家族**「私には『ひきこもり』の息子がいます。今日は車で『ひきこもり』の講演会があるときいて、車で、三百キロメートルほど離れた町からやってきました。すぐにでも息子のことについて相談にのって欲しいのです。息子は七年程前からひきこもっていますが、大麻をたくさん使っているのです」

**筆者**「よく考える必要があります。精神科に連れて行くことと、大麻の問題を考えることは別のことです」

**あるひきこもり男性の家族**「私の息子は三年ほどひきこもっています。両親がいなくても子どもは『ひきこもり』になりうるのかということを質問したいです」

**筆者**「私は両親がいなくても『ひきこもり』になりうるかどうかわかりません。それは、問いでしょう。しかし、重要な問いです。答えよりも問いのほうが重要だと思います。私の意見では、

『ひきこもり』は親からのストレスも多く、特に日本では両親は子どもに多くのことを期待しています。両親によって、よい大学に入ることを期待されてしまいますし、ひとたび大学にはいるとよい就職を期待されてしまいます。そこには多くのストレスがあります。しかし、それは理由の全てではありません。他の『ひきこもり』の理由もあるのです。重要なのは、『ひきこもり』は我われの社会について我われに考えさせてくれるということでしょう。どうしたらいいのかとかどのようにこの状態を脱出するのかとか答えを出すのは難しいのですが、反対に彼らの存在が我われの社会にあなたのような問いを投げかけているということだと思います」

以上はディスカッションの内容のごく一部にすぎない。というのも、筆者が一時間ほど「ひきこもり」について講演をした後、フロアとのディスカッションは三時間弱も続いたからである。また、二〇二二年六月一〇日に、同様に「ひきこもり」家族相談窓口が主催して、「ひきこもり」の家族や当事者向けに、筆者が「ひきこもり」について講演したときのフロアと筆者との間のディスカッションの内容を以下に示そう。

**フロアのある「ひきこもり」の親**　「あるエピソードをお話しします。何年か前に朝買い物をしようと思って出かけたときに、お店の人が私に話したのですが、その人はある高齢の女性が野菜を拾い集めているのを見て、なんでそうするのかがわからなかったと言うのです。お店の人はそのことで何らかの苦痛があったのでしょう。お店の人が苦痛を感じるのは正常だよって私は思いました。私は今は苦痛が病気になってしまっていると思うのです。それが他人に向けた問いを立てさせているのでしょう。社会的ひきこもりについても同じであると言えるでしょう。私は医者でも治療者でもなく、『ひきこもり』の親です。そして、その『ひきこもり』についてこうして話を聞いている親です。息子はおそらくは社会的ひきこもりでしょう。同時に社会への眼差しもあるのではないでしょうか。それは私が社会に問いかけていることです。息子は苦痛を表現することには到達していないものの、何か我われに言いたいのでしょうか。もっとも、私には何も言うことはないでしょう。息子も社会に問いかけているのでしょうか。私は正常で、完全に社会にも適応しています。同時に全くこの社会には適応していません。私は家族に『ひきこもり』を抱えています。同時に話も聞いています。おそらくは社会的ひきこもりはまだまだ問われるべき人なのです。問うているのは私です。パパやママも社会の中で問われています。あるときから百万人のひきこもりがいると言われるようになりました。個人や家族のために医者や精神科医、心理士が必要です。社会学者もです。この拒絶を追究する社会全体のために必要です。『私は社会に入っていません。具合が悪いです。あなたは間違っていない。社会に入りたい。でも調子がよくないのです』などのことが言われます。私は息子を外に出すことはできていません。他の人と同じように外に出て欲しいと思っています。しかし、外に出るといってもどのような社会に出るのでしょうか」

ある「ひきこもり」の祖母 「私は『ひきこもり』の親ではありませんが、二四歳の孫娘がいて、ひきこもって八年目です。私にはもちろん耐えがたいのですが。植物を植えに外にでることがあります。私も時々一緒に外出します。恐怖症も始まっているかもしれません。始まりは広場恐怖でした。今はそれは『ひきこもり』と関わっています。今日私がこの講演会に行くと言ったら、『私は社会的ひきこもりなのは本当なの？』って彼女が言ってました。私は若者が心配です。彼らが熱中しているものを試してみることは私にはできません。うまくやれません。二四歳になって全く孤立していますから、とてもひどい状況です。私は二人の友達に来てって行ったらみんな来てくれました。彼女には必ずしも友達ではないようですが。あなたのように家に来てくれる人はいるのですが、彼女は外に出ません。どのような解決がありますか？」

筆者 「ご質問をありがとうございます。とても重要ですね。まずは、空間的な問題と社会関係の問題つまり『ひきこもり』を、区別する必要があるでしょう。というのも、『ひきこもり』の中には外出できる人もいるからです。例えば、日本にはいつも開いているコンビニというのがあって、そこでは、何でも買うことができます。『ひきこもり』の中には、コンビニに行くために外出できる人もいます。また、旅行に行くことができる『ひきこもり』もいます。そして、あなたは待つべきです。あなたが期待するべきなのは、外出して誰かに出会ってその人がお孫さんに社会関係を持つことを促してくれるということです。あなたの指摘した広場恐怖は『ひきこもり』とは区別されます。広場恐怖は空間的な問題です。『ひきこもり』は、社会関係の問題で、日本では区別されるのです。しかし、両者が混ざってしまうこともあります。というのも、広場恐怖の人はひきこもることもありうるでしょうから」

ある「ひきこもり」の祖母「問題は訪問の約束にこぎつけることの難しさです。オンライン診察でも難しいでしょう。精神科にも電話しました。多くを勧められたのですが、本人は何もできないよという返答です。全く自制はできているのです。私は何もこの領域ではできませんでした。私は肉親としてそこにいます。個人的な、孫娘との関わりのなかで、そこから語ることを実際のところは強いたりしています。テレビのシリーズものについてだったりです。最初の頃に孫娘は、『おばあちゃん、もう私は生きていたくないよ』って言っていました。五階に住んでいるのでそういう怖いこともありうるかもしれません。それで私が知りたいのは、どのように専門家であるあなたのオンライン診療を受けることができるのか、ということです」

以上のようなディスカッションでは、なによりも、「ひきこもり」本人、「ひきこもり」の状態を抜け出した「元ひきこもり」、「ひきこもり」の家族、あるいは、それぞれの人が属する国や文化圏によって、社会が「ひきこもり」を生み出しているのか、学校制度が「ひきこもり」を生み出しているのか、あるいは、個人の病理が「ひきこもり」を生み出しているのかに関しては様々であったということが、最も重要であると思われる。さらに、「ひきこもり」が空間的な問題であると誤解されがちであるとも思われた。実際には「ひきこもり」は社会参加の欠如であることは本書を通じて主張してきたことである。それは、コロナ禍によって在宅勤務をしている人が、空間的に閉じこもっていても決して「ひきこもり」とは言えないことからもわかるだろう。

だが、「ひきこもり」を社会参加の欠如と捉えるときに、必ずしも、「ひきこもり」を、健康に対する何らかの否定的な様態（つまり「社会参加できない病気」）として捉えるのではなく、むしろ社会のほうが参加するべき社会とは思えないのであえて積極的に参加しない様態として捉えることもできるというような、第9章で確認した「ひきこもり」を家族や学校、職場などの歴史からの能動的離脱と捉えるビフォの論調も、フランスにおけるこのようなディスカッションで再発見されたことであった。

また、第1章で論じたような、「ひきこもり」と「不登校」の違いについて、もう一度ここで振り返るならば、日本で「ひきこもり」と言えば、一八歳以降の大学生の年代を指すことが多いが、フランスでは、高校生の年代でも「ひきこもり」と自然に呼ばれうる。それは、「ひきこもり」が社会的自立の課題を突きつけられていると捉えるならば、フランスでは明らかに日本よりもその年齢が低く、つまり、日本では「不登校」と呼ばれるべき高校生の状態がフランスでは「ひきこもり」と呼ばれるようになっているからである。

さて、終章のここまでは「ひきこもり」を中心に述べてきた。既に以前から存在していた「ひきこもり」に類似した現象が一九八〇年代に入って変化を見せ始めたのは、主として医療との関係が確立されるようになってきたこと、つまり、医療化に因るところが大きく、しかも医療との関係が確立されたのは、「ひきこもり」に疾患としての明確な医学的基盤が発見されたからではなく、治療の現場に「ひきこもり」が登場し治療の要請が高まってきたことがきっかけであった。本書の後半で「ごみ屋敷」について述べてきたように、「ごみ屋敷」を作り出している人についても、三十年ほど遅れてはいるものの「ひきこもり」とほぼ同様のこと、つまり、医療化が起きつつあり、二〇一八年頃から「病い」の側で、つまり医療の側から語られるようになっている（第4章図4参照）ことからも、本章で述べてきたこととほぼ同じことが「ごみ屋敷」、つまり、高齢者の「ひきこもり」にもあてはまると思われるのである。実際に、クーパーは『DSM-5を診断する』において「ごみ屋敷（ためこみ症）」に関して、「ためこみを一つの障害と考えるべきかどうかは、私たちがそれを医学的な手段によって適切に扱うことができるような問題であるとみなすかどうかにも依存するに違いない」と述べている（Cooper, 植野ほか訳, 2015)。このことはもちろん「ひきこもり」を障害とみなすかどうかという問いにも繋がるものと思われる。

昨年は、ロンドンのある団体の主催によって、インセルと「ひきこもり」の関係についてオランダでの講演を依頼された。当時は、フランスからオランダに入ると、再びフランスに戻ってきたときに一週間の自主隔離が求められていたので、オンラインで講演を行うことになった。インセルとは、involuntary celibate「不本意な禁欲主義者」と訳されており、これは、本来は、望んでいるにもかかわらず、恋愛の相手を持つことができず、自身に性的な経験がない原因は対象である相手（女性）の側にあると考えるインターネット上の集団のことである。現在、インセルを標榜したテロが北米などで起きていることから、社会問題化している。筆者に与えられたお題は、このインセルと「ひきこもり」との関係であるから非常に難しいのであるが、筆者の話せる範囲で話した。

このように、「ひきこもり」や「ごみ屋敷」が今まさに西欧諸国で社会に直結しているアクチュアルな問題になっていることを強く実感しながら（フランスでは前者は二〇〇八年頃から、後者は日本とほぼ同時期に医療化が始まっている）、筆者はフランスのストラスブールを拠点にして、「ひきこもり」の訪問診療や講演活動のために現在も定期的に滞在を続けている。

# あとがき

本書は、筆者の二〇〇八年から二〇二二年末までの日仏での「ひきこもり」の臨床研究活動による産物を、一般の人でも読めるような形でまとめたものである。既発表の学術論文を加筆修正した上で本書に組み込んだ章もあるが、多くの章が書き下ろしである。

このあとがきを執筆している二〇二二年一二月現在も、フランス各地の大学やメンタルヘルス関係の協会などにより、専門家向け、一般市民向けの講演会が企画されていて、二〇二三年一月から再び渡仏の予定が入っている。本書がめでたく印刷・製本に入っているだろう二〇二三年一月末頃は、筆者は何とフランス領ポリネシアのタヒチに講演のために滞在している予定である。なぜ、タヒチかと言うと、二〇二二年六月にフランスのニースで医療従事者向けに講演をしたときに、フランス領ポリネシアで、成人男性のなかに何らかの理由で妻に代わって子育てをしているうちに、そのまま仕事をしないで長期にわたって家に閉じこもってしまうという「ひきこもり」に類似した現象があるという指摘を聴衆の精神科医から受けたように、フランスではこの現象は比較的有名で、そのこともあって、タヒチの大学から「ひきこもり」の講演の依頼を受けたからである。

こうして、フランスで集まってきた数々の問いはその都度ヴァージョンアップされている。したがって本書におさまらなかった問いは、今後も論文や著書の形で世に送り出していく予定である。

筆者の臨床研究活動は、日本の精神科医の中でも極めて例外的なものであると思われるが、このようなある意味では奇跡的な活動が実現したのは、何よりも多くの方々に支えられてきたおかげである。生生会松蔭病院現院長で名古屋大学名誉教授の鈴木國文先生は、二〇〇八年の日仏ひきこもり共同研究の立ち上げ当初から筆者の初期の渡仏に時折同行され、現地での議論の場で筆者たった一人では摑み損ねてしまう問いを常に敏感に把握しておられた。

名古屋大学総合保健体育科学センターの精神分析の大家である小川豊昭先生は、「いつも好きなことをやりなさい」と筆者におっしゃっておられ、筆者の活動を温かく見守ってくださった。しかし、その見守るということが、筆者にとっては、具体的なアドバイスをいただくよりも「自分は一体何を望んでいるのか」という考えを突きつけられることから緊張をさせるもので、ますます邁進していかなければならないという思いを強めるばかりであった。また、同センター長の石黒洋先生は筆者の所属部局の長であるが、筆者がいつも教授会で長期の海外出張の申請をする際に、笑顔で「お気をつけて行ってきて下さいね」という温かいお言葉をかけていただいてきたことについても感謝するばかりの気持ちである。

京都大学名誉教授の新宮一成先生は、筆者がフランスで体験した臨床研究活動についてお話しすると、全く違った角度から貴重なコメントをされ、常に驚かされるばかりであった。筆者は本書の中で、日本から遠く離れた文化圏からだからこそ見えてくるような、「ひきこもり」を生み出している社会的な側面があるということを主張してきたが、筆者のようにわざわざ日本を離れなくても直感的に同じ側面あるいはそれ以上に本質的なものを見抜いてしまう先生に、ただ感服するばかりであった。

愛知医科大学精神医学講座教授の兼本浩祐先生と、筆者の外務先の病院が同じであるため毎週水曜日に医局のソファに埋もれながら延々と語り明かしたことは、筆者の臨床研究活動の中で様々な発想を得るために極めて有益であった。先生と話しているとそのソファのようにどんどん深みに入っていき、ふと周りを見ると周囲の人は誰もついて来れない深部にいつのまにか到達してしまうばかりであった。本書も心の中の兼本先生と対話しながら推し進めてきたところがどこかあるので、こうして一つの書籍として結実した今、結局は誰とも共有できず何の模範にもならないものになっているとしたらどうしたものかと、危惧するばかりである。

名古屋市立大学名誉教授で一八世紀フランス思想研究の第一人者である寺田元一先生には、筆者の学生時代より大変お世話になっている。特に、本書で、ほとんど筆者が触れてこなかった問いである「なぜ、ヨーロッパの中でもドイツではなくとりわけフランスなのか?」という問いに関して、フランスが最も文化的な反応のよさを示す可能性を秘めていることを一八世紀まで遡って先生に教えていただいていたので、実際に本書全体で説明してきたように「ひきこもり」という現象についてフランス文化全体の熱い反応を引き起こす「大当たり」を得たのは(他のヨーロッパの国々ではせいぜい医学領域での反応に留まってしまうだけであろう)、まさに寺田先生のおかげであると言っても過言ではない。

名古屋大学精神病理グループの諸兄姉には、筆者の活動の初期から長きにわたって貴重なコメントの数々をいただいてきた。また、二〇一四年から定期的に名古屋大学で開催している「これからの生と民主主義を考える会」のメンバーの諸氏にも教えられることが多かった。この会における議論から、筆者は、とりわけ「ごみ屋敷」の問題においては、個人に内在する病理の探索よりも、生権力が、司法や行政、精神医学など複合的な形をとりながら、その影響を及ぼしつつある地図を描くことがより重要であることを学んだのであった。このように日本での筆者の研究環境は極めて恵まれていると言える。

そして、フランスでは、さらに多くの先生や知り合いの方々にお世話になっている。まずは、ストラスブール大学医学部精神医学・メンタルヘルス・依存症部門主任教授のジル・ベルチィ先生には、筆者のフランスでの臨床研究活動の学術的・社会的意義を何よりも理解していただき、フランスでの活動のための手続きなどにもご尽力いただいた。

ストラスブール大学心理学部のマリー＝フレデリック・バッケ教授には、筆者の「ひきこもり」に関する精神病理学的・精神分析的な議論の相手にいつもなってくださり、その議論の結果はその都度、フランス語の論文として結実してきた。

フランス語圏精神神経学会の運営陣たちの面々、例えば、パリ大学のパトリック・マルタン教授、ストラスブール大学医学部精神科のピエール・ヴィダイエ教授、ラ・ロシェル病院精神科部門長のジャン＝アルベール・メイナール先生、ナント大学精神科のオリヴィエ・ボノ教授には、筆者によるフランスの精神医療向けの数々の講演会を企画していただき、そこでのフロアの現地の医療従事者との議論は、筆者にとってフランスにおける「ひきこもり」についての問いを収集するのに何よりも絶好の機会であった。

フランスの日々の臨床活動でお世話になっているのは、ストラスブール大学医学部精神科医療心理センターの訪問チームの看護師やソーシャルワーカー、そして部門長の精神科医の方々である。筆者は、定期的に（現在も）この訪問チームのメンバーの一員になっており、「ひきこもり」を専門とする精神科医として筆者の関心に沿う形で、フランスの臨床で仕事をさせていただき続けていることは、本当に筆者にとって貴重な経験である。特に、筆者は「ひきこもり」を本性的に社会復帰させようという気持ちからではなく、興味関心で訪問しようという気持ちが先行していることが、筆者のフランスでの仕事仲間には透けて見えてしまうようで、しかし、第11章で述べたように、それが「ひきこもり」にとって最もよいことであることも最近ではストラスブール大学病院のほとんど全ての医療スタッフに理解していただいており、筆者のストラスブールの滞在の際には、廊下ですれ違った精神科医から「Tadaaki!　まさにTadaakiの喜びそうな『ひきこもり』がいる話をその親から聞いたよ！今度、看護師と一緒に訪問してくれないか？」と呼びかけられることもしばしばある。筆者の喜びそうな「ひきこもり」とはいかがなものかとも思うが、いざ訪問してみると、その患者は本当に心惹かれずにはいられない「ひきこもり」だったりするのである。

ストラスブールにあるフランス依存協会（ITHAQUE）内に筆者が監修して開設した「ひきこもり」家族相談窓口Détoursのスタッフ、ダニエール・バデール所長、ミトラ・クロース心理士、クレール・ジャックマン医師、フラヴィ・オステル医師などにもお世話になっている。「ひきこもり」家族相談窓口Détoursのスタッフが中心となり、数々の市民講座を筆者のために企画してくださり、そこでのフランスで「ひきこもり」を抱えた家族との議論は極めて貴重なものであった。

本書で述べてきたように、フランスでは日本に較べて「ひきこもり」の年齢が低く、中学生や高校生も「ひきこもり」と呼ばれることもしばしばあることから、二〇二〇年からパリ・エスト・クレテイユ大学の児童思春期の精神科のチーム、ジャン＝マルク・バレイット教授、シャルロット・マイヤー心理士、アンドレア・グラニャーニ心理士、ジェローム・パイヤン・ドゥ・ラ・ギャランドゥリー医師、ポール・ロック先生などには、いつも筆者との共同研究や筆者のためにパリでの講演会を企画してくださり、大変お世話になっている。

本書の企画から出版に至るまで、名古屋大学出版会の神舘健司さんには、大変お世話になった。特に、当初は精神科医の中でもごく一部の専門家しか読まないのではないかと思われる学術論文を、本書に組み込む上で一般の人でも読めるように換骨奪胎するのは、大変な苦労があったと思われる。また、著書として形をなすために多くの細々とした事務作業を引き受けていただいた名古屋大学総合保健体育科学センターの事務補佐員の菱川照子さんにも大変お世話になった。

本書は研究書ではありながら、昨今の社会問題を筆者独自の視点で執筆した社会的意義の強い刊行物であり、幅広い読者層の可能性があるとの理由から、二〇二二年度名古屋大学学術図書出版助成金の申請が採択され、そのおかげで、一般書価格になったことは望外の喜びである。

本書は、相手側の受入機関などからの助成だけではなく、筆者への数々の日本の研究助成金によって実現された渡仏のための渡航費が基盤になっている。具体的には、二〇一〇年四月〜二〇一三年三月の科学研究費補助金基盤研究（B）、二〇一八年七月〜二〇二一年三月の科学研究費補助金（萌芽研究）、二〇二一年一二月〜二〇二五年三月の科学研究費補助金国際共同研究加速基金（国際共同研究強化（B））、二〇一六年五月〜二〇一六年六月の日仏会館学術研究助成、二〇一六年一二月〜二〇一八年三月の大幸財団人文・社会科学系学術研究助成、二〇一八年一月〜二〇一八年三月の豊秋奨学会海外渡航旅費助成、二〇一八年一一月〜二〇一九年一〇月の公益財団法人大川情報通信基金二〇一八年度研究助成（応用分野B）、二〇二一年一月〜二〇二二年一二月の公益財団法人三菱財団社会福祉助成、二〇二一年四月〜二〇二二年三月の公益財団法人鹿島学術振興財団研究助成、二〇二一年四月〜二〇二二年三月の公益財団法人平和中島財団国際学術研究助成などである。

本書のいくつかの章は、筆者がこれまで発表した学術論文を基に、本書のために改変や加筆を施したものである。それらの章と基になった論文とは、具体的には、序章「『ひきこもり』とは、『ごみ屋敷』とは何か」（古橋忠晃、ロックダウンと「ひきこもり」—新型コロナウィルスをめぐって—、現代思想二月号 49（2）62–69, 2021）、第2章「ひきこもりの精神病理」（古橋忠晃、現代の「ひきこもり」の精神病理学的多様性は何に由来しているのか—「享楽」という概念をめぐって—、臨床精神病理 38（3）：261–277）、第4章「ひきこもりは病気なのか」（古橋忠晃、ひきこもりと病い、精神科治療学 31（3）：2016, 329–335）、第5章「ひきこもりはヨーロッパでどう見られているか」（古橋忠晃、ひきこもりに関する日欧比較―フランスを中心に―、精神科治療学 35（4）：341–348, 2020）、第6章「フランスのひきこもりの精神病理」（古橋忠晃、フランスにおける「ひきこもり」の臨床活動と理論的実践を通して、臨床精神病理 40（3）：2019, 247–254）である。

以上述べてきたように、これまでの研究成果である、筆者のライフワークとしての産物は、まだその途上にあり、一定の結論が出たと言うにはほど遠い。むしろ、問いばかりが山積している。筆者の仲のよいフランスの精神科医はある夜会の席で筆者に「Tadaaki はフランスでパンドラの箱を開けたような感じだね」と半ば冗談で話したが、そう言われるとますます開けたくなってしまうし、そもそもパンドラの箱にこそ読み取るべき時代の歪みのようなものが詰まっているのではないかと思うので、筆者にとってはむしろ宝箱なのである。こうして国内での日常の診療と並行する形で、「ひきこもり」という言葉を媒介として、フランス各地での講演会を行ったり、フランスでの訪問診療を行ったりする今後の予定が入っており、現地の「ひきこもり」やその家族たちとの医療・文化・社会的交流は現在進行形で続いている。これらからの産物は、今後も世に発信していく予定であり、ぜひとも楽しみにお待ちいただければと思っている。

二〇二二年一二月二〇日

著　者

《著者紹介》

古橋《ふるはし》　忠晃《ただあき》

1973 年生まれ
1999 年　名古屋市立大学医学部卒業
2011 年　名古屋大学より博士（医学）取得
現　在　名古屋大学総合保健体育科学センター准教授
著訳書　『「ひきこもり」に何を見るか』（共編，青土社，2014 年）
ジャック・ラカン『不安』上・下（ジャック＝アラン・ミレール編，共訳，岩波書店，2017 年）
スラヴォイ・ジジェク『もっとも崇高なヒステリー者―ラカンと読むヘーゲル―』（共訳，みすず書房，2016 年）他

「ひきこもり」と「ごみ屋敷」
―国境と世代をこえて―

2023 年 2 月 15 日　初版第 1 刷発行

定価はカバーに
表示しています

著　者　古　橋　忠　晃

発行者　西　澤　泰　彦

発行所　一般財団法人 名古屋大学出版会
〒 464-0814　名古屋市千種区不老町 1 名古屋大学構内
電話(052)781-5027 / FAX(052)781-0697


印刷・製本 ㈱太洋社　ISBN978-4-8158-1113-6
乱丁・落丁はお取替えいたします。

# 索　引

## ア　行



## カ　行

## サ　行



## タ　行

## ナ　行



## ハ　行

## マ　行



## ヤ　行



## ラ　行

# 参考文献

## 欧文文献


Aguglia, E., Signorelli, M. S., Pollicino, C., et al. 2010. Il fenomeno dell'hikikomori: cultural bound o quadro psicopatologico emergente? Giorn. Ital. Psicopat., 16, 157–164.

American Psychiatric Association. 2013. Diagnostic and Statistical Manual of Mental Disorders: DSM-5. Amer Psychiatric Pub.

Anzieu, D. 1995. Le Moi Peau. Dunod.［邦訳，ディディエ・アンジュー（福田素子訳）『皮膚自我』言叢社，東京，1996 年］

Austin, J. L. 1960. How to Do Things with Words. Oxford University Press.［邦訳，ジョン・ラングショー・オースティン（坂本百大訳）『言語と行為』大修館書店，東京，1978 年］

Austin, J. L. 1970. Philosophical Papers, 2nd ed. Edited by J. O. Urmson and G. J. Warnook, Oxford University Press.［邦訳，ジョン・ラングショー・オースティン（坂本百大監修訳）『オースティン哲学論文集』勁草書房，東京，1991 年］

Blankenburg, W. 2007. Psychopathologie des Unscheinbaren. Parodos.［邦訳，ヴォルフガング・ブランケンブルク（木村敏／生田孝監訳）『目立たぬものの精神病理』みすず書房，東京，2012 年］

Bleuler, E. 1911.  Dementia Praecox oder Gruppe der Schizophrenien. Franz Deuticke, Deuticke, Leibzig/Wien.［邦訳，オイゲン・ブロイラー（飯田眞／下坂幸三／保崎秀夫／安永浩訳）『早発性痴呆または精神分裂病群』医学書院，東京，1974 年］

Baudrillard, J. 1999. L'Échange impossible. Éditions Galilée, Paris.［邦訳，ジャン・ボードリヤール（塚原史訳）『不可能な交換』紀伊國屋書店，東京，2002 年］

Berardi, F. 1997. Dell'innocenza. Ombre Corre.［邦訳，フランコ・ベラルディ（ビフォ）（廣瀬純／北川眞也訳）『ノー・フューチャー―イタリア・アウトノミア運動史―』洛北出版，京都，2010 年］

Berardi, F. 2009. Precarious Rhapsody : Semiocapitalism and the Pathologies of the Post-Alpha Generation. Minor Compositions, London.［邦訳，フランコ・ベラルディ（ビフォ）（櫻田和也訳）『プレカリアートの詩―記号資本主義の精神病理学―』河出書房新社，東京，2009 年］

Castel, P.-H. 2003. La Métamorphose impensable : Essai sur le transsexualisme et l'identité personnelle. Gallimard, Paris.

Castel, P.-H. 2006. Propos sobres sur une supposée « nouvelle économie » du psychisme et de la sexualité, dans Comprendre. Texte en ligne sur http://pierrehenri.castel.free.fr

Castel, P.-H. 2009. L'Esprit malade. Cerveaux, folies, individus. Les Editions d'Ithaque, Paris.

Castel, P.-H. 2011. Âmes scrupuleuses, vies d'angoisse, tristes obsédés : Volume 1 : Obsessions et contrainte intérieure de l'Antiquité à Freud. Les Editions d'Ithaque, Paris.

Castel, P.-H. 2014.［邦訳，ピエール＝アンリ・カステル「自律と自給自足―政治的・道徳的概念から，個人の「社会病理」へ―」鈴木國文／古橋忠晃／Vellut, N. ほか編『「ひきこもり」に何を見るか―グローバル化する社会と孤立する個人―』青土社，東京，2014 年］

Chauliac, N. 2017. Characteristics of socially withdrawn youth in France: A retrospective study. International Journal of Social Psychiatry, 63(4), 339–344.

Clark, A. N., Mankikar, G. D., Gray, I. 1975. Diogenes syndrome: A clinical study of gross neglect in old age. Lancet 1（7903), 366–368. doi: 10.1016/S0140-6736（75）91280-5. PMID 46514.

Cooper, R. 2014. Diagnosing the Diagnostic and Statistical Manual of Mental Disorders. Karnac Books Ltd, London.［邦訳，レイチェル・クーパー（植野仙経／村井俊哉訳）『DSM-5 を診断する』日本評論社，東京，2015］

Costes, Martin Julier. 2013. Le monde des morts chez les jeunes. Études sur la mort, 142, 125–145.

de la Calle Real, M., Muñoz Algar, M.-J. 2018. Hikikomori: El síndrome de aislamiento social juvenile. Rev. Asoc. Esp. Neuropsiq., 38, 115–129.

Deleuze, G. 2000. Différence et Répétition. PUF, Paris.［邦訳，ジル・ドゥルーズ（財津理訳）『差異と反復 〈上〉〈下〉』河出書房新社，東京，2007 年］

De Luca, M., Chenivesse, P. 2018. Formations de l'idéal, Hikikomori et virtuel à l'adolescence. L'Évolution Psychiatrique, 83, 443–456.

Diderot, D. 1891. Le neveu de Rameau et autres dialogues philosophiques, préface de Jean Varloot. Gallimard, Paris.［邦訳，ドニ・ディドロ（本田喜代治／平岡昇訳）『ラモーの甥』岩波文庫，岩波書店，東京，1978 年］

Diem, O. 1903. Die einfache demente Forme der Dementia Praecox. Arch. Psychiatr., 37, 111–187.

Ehrenberg, A. 1998. La fatigue d'être soi. Odile Jacob, Paris.

Ehrenberg, A. 2014.［邦訳，アラン・エレンベルグ「メンタルヘルス―自律条

件下の社会関係と個人差―」鈴木國文／古橋忠晃／ Vellut, N. ほか編『「ひきこもり」に何を見るか―グローバル化する社会と孤立する個人―』青土社，東京，2014 年]

Erikson, E. H. 1959. Identity and the Life Cycle. International Universities Press. [邦訳，エリク・ホーンブルガー・エリクソン（小此木啓吾訳編）『自我同一性―アイデンティティとライフサイクル―』誠信書房，東京，1973 年]

Esquirol, E. 1838. Des maladies mentales considérées sous les rapports médical, hygiénique et médico-légal. J.-B. Baillière, Paris.

Fansten, M., Figueiredo, C. 2014. [邦訳，マイア・ファンステン／クリスチーナ・フィギュエイレド「敷居の乗り越え―成年期への移行における障害と中断－」鈴木國文／古橋忠晃／ Vellut, N. ほか編『「ひきこもり」に何を見るか―グローバル化する社会と孤立する個人―』青土社，東京，2014 年]

Foucault, M. 1994. Dits et Écrits. Gallimard, Paris. [邦訳，ミッシェル・フーコー（石田英敬訳）「科学の考古学について―＜認識論サークル＞への回答―」小林康夫ほか編『フーコーコレクション第 3 巻　言説・表象』筑摩書房，東京，2006 年]

Freud, S. 1905. Drei Abhandlungen zur Sexualtheorie. G.W. V. [邦訳，ジークムント・フロイト（渡邉俊之訳）「性理論のための 3 篇」『フロイト全集第 6 巻』岩波書店，東京，2009 年]

Freud, S. 1915. Triebe und Triebschicksale. G.W. X. [邦訳，ジークムント・フロイト（新宮一成訳）「欲動と欲動運命」『フロイト全集第 14 巻』岩波書店，東京，2010 年]

Freud, S. 1923. Die infantile Genitalorganisation (Eine Einschaltung in die Sexualtheorie). G.W. XIII. [邦訳，ジークムント・フロイト（本間直樹訳）「幼児期の性器的編成」『フロイト全集第 18 巻』岩波書店，東京，2007 年]

Freud, S. 1925. Einige psychische Folgen des Anatomischen Geschlechtsunterschieds. G.W. XIV. [邦訳，ジークムント・フロイト（大宮勘一郎訳）「解剖学的な性差の若干の心的帰結」『フロイト全集第 19 巻』岩波書店，東京，2010 年]

Freud, S. 1927. Fetischismus. G.W. XIV. [邦訳，ジークムント・フロイト（石田雄一訳）「フェティシズム」『フロイト全集第 19 巻』岩波書店，東京，2010 年]

Freud, S. 1938. Die Ichspaltung im Abwehrvorgang. G.W. XVII. [邦訳，ジークムント・フロイト（津田均訳）「防衛過程における自我分裂」『フロイト全集第 22 巻』岩波書店，東京，2007 年]

Freud, S. 1940. Jenseits des Lustprinzips. G.W. XIII. [邦訳，ジークムント・フロイト（須藤訓任訳）「快原理の彼岸」『フロイト全集第 17 巻』岩波書店，

東京，2006年]

Furuhashi, T., Tsuda, H., Ogawa, T., et al. 2013. État des lieux, points communs et différences entre des jeunes adultes retirants sociaux en France et au Japon (Hikikomori). L'Évolution Psychiatrique, 78(2), 249–266.

Furuhashi, T., Vellut, N. 2014. Si proches, si lointains : Hikikomori en France et au Japon. In: Fansten, M., Figueiredo, C., Pionnié-Dax, N., et al. (eds.), Hikikomori, ces adolescents en retrait. Armand Colin, Paris, pp.139–156.

Furuhashi, T., Vellut, N. 2015. Expériences de consultation en ligne avec de jeunes Hikikomori. Revue Adolescence, 33(3), 559–572.

Furuhashi, T., Bacqué, M.-F. 2017. Les « Hikikomori » ou les « disparus-vivants » qui ne voulaient pas mourir. Études sur la mort, 150, 113–124.

Furuhashi, T. 2021. L'expérience de l'Université de Nagoya au Japon. In: Vellut, N., Martin, C., Figueiredo, C., Fansten, M. (eds.), Hikikomori, une expérience de confinement. Presses de l'EHESP, Rennes, pp.176–180.

Galan, C. 2014. [邦訳，クリスチャン・ガラン「出て行くか留まるか—「ひきこもり」を理解するための四つの手がかり—」鈴木國文／古橋忠晃／Vellut, N. ほか編『「ひきこもり」に何を見るか—グローバル化する社会と孤立する個人—』青土社，東京，2014年]

Garcia-Campayo, J., Alda, M., Sobradiel, N., Abós, B. S. 2007. A case report of Hikikomori in Spain. Medicina Clinica, 129, 318–319.

Gayral, L., Carrie, J., Bonnet, J. 1953. La claustration. Annales Médico-Psychologiques, 111(1), 470–496.

Gennep, A. V. 1909. Les rites de passage. Emile Nourry. [邦訳，アルノルド・ファン・ヘネップ（綾部恒雄／綾部裕子訳）『通過儀礼』弘文堂，東京，1977年]

Gray, J. 1983. Mill on Liberty : A Defence. Routledge and Kegan Paul, London.

Greimas, A. J., Keane, T. M. 1992. Dictionnaire du moyen français : la Renaissance. Larousse.

Guedj-Bourdiau, M.-J. 2011. Claustration à domicile de l'adolescent. Hikikomori. Annales Médico-Psychologiques, revue psychiatrique, 169(10), 668–673.

Guedj-Bourdiau, M.-J. 2014. [邦訳，マリー＝ジャンヌ・ゲジ＝ブルディオー「「ひきこもり」の多様な形態とその治療」鈴木國文／古橋忠晃／Vellut, N. ほか編『「ひきこもり」に何を見るか—グローバル化する社会と孤立する個人—』青土社，東京，2014年]

Hanon, C., et al. 2004. Diogenes syndrome: a transnosographic approach. Encephale, 30(4), 315–322.

Kant, I. 1789. Kritik der praktischen Vernunft. [邦訳，カント（波多野精一／宮本

和吉／篠田英雄訳）『実践理性批判』岩波書店，東京，1979 年］
Lacan, J. 1966a. L'instance de la lettre ou la raison depuis Freud. In : Écrits. Seuil, Paris.［邦訳，ジャック・ラカン（佐々木孝次訳）「無意識における文字の審級，あるいはフロイト以降の理性」『エクリ II』弘文堂，東京，1977 年］
Lacan, J. 1966b. Subversion du sujet et dialectique du désir. In : Écrits. Seuil, Paris.［邦訳，ジャック・ラカン（佐々木孝次訳）「フロイトの無意識における主体の壊乱と欲求の弁証法」『エクリ III』弘文堂，東京，1977 年］
Lacan, J. 1966c. Kant avec Sade. In : Écrits. Seuil, Paris.［邦訳，ジャック・ラカン（佐々木孝次訳）「カントとサド」『エクリ III』弘文堂，東京，1977 年］
Lacan, J. 1973. Le Séminaire, Livre XI : Les quatre concepts fondamentaux de la psychanalyse. Texte établi par Jacques-Alain Miller, Seuil, Paris.［邦訳，ジャック・ラカン（小出浩之／新宮一成／鈴木國文／小川豊昭訳）『精神分析の四基本概念』岩波文庫，岩波書店，東京，2020 年］
Lacan, J. 1986. Le Séminaire, Livre VII : L'éthique de la psychanalyse. Texte établi par Jacques-Alain Miller, Seuil, Paris.［邦訳，ジャック・ラカン（小出浩之／鈴木國文／保科正章／菅原誠一訳）『精神分析の倫理』岩波書店，東京，2002 年］
Lacan, J. 1998. Le Seminaire, Livre XX: Encore. Texte établi par Jacques-Alain Miller, Seuil, Paris.
Lachance, J. 2012. Socio-anthropologie de l'adolescence. Lecture de David Le Breton, Presses de l'Université Laval, coll. « Lectures ».
Lauqué, J. L. 2003. La loi et l'ordre – Prévention spécialisée et politiques sécuritaires –. L'Harmattan, Paris.
Lebrun, J. P. 2010. La Perversion ordinaire. Vivre ensemble sans autrui. Denoël, Paris.
Matsunaga, H., Hayashida, K., Kiriike, N., Maebayashi, K., Stein, D. J. 2010. The clinical utility of symptom dimensions in obsessive-compulsive disorder. Psychiatry Res., 180(1), 25–29.
Melville, H. 1853. Bartleby, the Scrivener : A story of wall street. Putnam's Monthly Magazine of American Literature, Science and Art, 2, 546–550.［邦訳，ハーマン・メルヴィル（ホルヘ・ルイス・ボルヘス編，酒本雅之訳）『メルヴィル—代書人バートルビー（バベルの図書館 9）』国書刊行会，東京，1988 年］
Miller, J. A. 2005. La psychose ordinaire, La Convention d'Antibes. Agalma - Le Seuil, Paris.
Pomian, K. 1987. Collectionneurs, amateurs et curiuex. Éditions Gallimard, Paris.［邦訳，クシシトフ・ポミアン（吉田城／吉田典子訳）『コレクション—趣味と好奇心の歴史人類学—』平凡社，東京，1992 年］

Ranieri, F. 2015. When social withdrawal in adolescence becomes extreme: The “hikikomori” phenomenon in Italy. Psychiatr. Psychol. Klin., 15, 148–151.

Ranieri, F., Luccherino, L. 2018. Hikikomori: Debating a XXI century phenomenon from a clinical point of view. Scand. J. Child Adolesc. Psychiatr. Psychol., 6, 72–79.

Rooksby, M., Furuhashi, T., McLeod, H. 2020. Hikikomori: a hidden mental health need following the COVID-19 pandemic. World Psychiatry, 19(3), 399–400.

Sartre, J.-P. 1943［1991］. L’être et le néant. Gallimard, Paris.［邦訳，ジャン＝ポール・サルトル（松浪信三郎訳）『存在と無　＜上＞＜下＞』人文書院，京都，1999 年］

Suwa, M., Suzuki, K., Hara, K., et al. 2003. Family features in primary social withdrawal among young adults. Psychiatry Clin. Neurosci., 57, 586–594.

Tajan, N. 2014. À propos du hikikomori. In : Taxier, D.（ed.）, L’enfant connecté. ERES, Toulouse, pp. 201–207.

Tajan, N. 2015. À propos d’hikikomori. Revue Adolescence, 33(3), 643–648.

Terra, J.-L. 2015. Psymobile, Texte en ligne sur https://www.prevention-suicide.lu/wp-content/uploads/Presentation_Prof._J.-L.Terra_.pdf

Tisseron, S. 2014.［邦訳，セルジュ・ティスロン「心理的かつ社会的な脱—連接」鈴木國文／古橋忠晃／ Vellut, N. ほか編『「ひきこもり」に何を見るか—グローバル化する社会と孤立する個人—』青土社，東京，2014 年］

Tisseron, S. 2014. Une double désarticulation, à la fois psychique et sociale. In: Fansten, M., Figueiredo, C., Pionnié-Dax, N., et al.（eds.）, Hikikomori, ces adolescents en retrait. Armand Colin, pp. 157–169.

Turner, V. W. 1974. Dramas, Fields, and Metaphors: Symbolic Action in Human Society. Cornell University Press.［邦訳，ヴィクター・ウィッター・ターナー（梶原景昭訳）『象徴と社会』紀伊國屋書店，東京，1981 年］

Vellut, N. 2014.［邦訳，ナターシャ・ヴェルー「青年の「ひきこもり」—ひとつの否定的選択として—」鈴木國文／古橋忠晃／ Vellut, N. ほか編『「ひきこもり」に何を見るか—グローバル化する社会と孤立する個人—』青土社，東京，2014 年］

Vellut, N. 2015. Le retrait des jeunes（ou hikikomori）, une préférence négative. Revue Adolescence, 33(3), 593–602.

Walters, P. A. J. 1961. Student Apathy. In: Blaine, G. B. Jr. & McArthur, C. C.（ed）, Emotional Problem of the Student. Appleton-Century-Crofts.［邦訳，P. A. J. ウォルターズ（笠原嘉，岡本重慶訳）「学生のアパシー」グラハム B. ブレイン，ジュニア，チャールス C. マッカーサー共編，石井完一郎他監訳『学生の情緒問題』文光堂，東京，1975 年，pp.106–120］

Warren, W. 1948. Acute neurotic breakdown in children with refusal to go to school. Archives of Disease in Child, 23, 266–272.

Young, A. 1982. The anthropologies of illness and sickness. Annu. Rev. Anthropol., 11, 257–285.

Žižek, S. 1994. The Metastases of Enjoyment: Six Essays on Woman and Causality. Verso, New York.［邦訳，スラヴォイ・ジジェク（松浦俊輔／小野木明恵訳）『快楽の転移』青土社，東京，1996 年］

**和文文献**

朝日新聞デジタル　2018.「英国，孤独担当大臣を新設　900 万人以上孤独，対策へ」https://www.asahi.com/articles/ASL1L12BGL1KUHBI04N.html

アリストテレス　2014.『ニコマコス倫理学』アリストテレス全集第 15 巻，岩波書店，東京.

池田光穂　2000.「『癒やし論』の文化解剖学」佐藤純一編「文化現象としての癒やし」［共著］，メディカ出版，p.188.

稲村博　1989.『若者・アパシーの時代－急増する無気力とその背景－』NHK ブックス，日本放送出版協会，東京.

上山和樹　2001.『「ひきこもり」だった僕から』講談社，東京.

江藤淳　1993.『成熟と喪失―母の崩壊―』講談社文芸文庫，講談社，東京.

大森健一　1997.「うつ病とひきこもり」臨床精神医学，26(9), 1179–1183.

小川豊昭　2014.「ひきこもりの精神分析」鈴木國文／古橋忠晃／ Vellut, N. ほか編『「ひきこもり」に何を見るか―グローバル化する社会と孤立する個人―』青土社，東京.

小此木啓吾　1985.『モラトリアム人間を考える』中公文庫，中央公論社，東京.

小田晋　2000.「重大犯罪を行った「引きこもり」事例の精神病理と犯罪心理」最新精神医学，5(5), 457–467.

笠原嘉　1984.『アパシー・シンドローム』岩波書店，東京.

笠原嘉　1988.『退却神経症―無気力・無関心・無快楽の克服―』講談社現代新書，講談社，東京.

学校基本調査　1992 年度，文部科学省.

カント，イマヌエル　1976.『道徳形而上学原論』篠田英雄訳，岩波書店，東京.

岸恵美子　2012.『ルポ　ゴミ屋敷に棲む人々―孤立死を呼ぶ「セルフ・ネグレクト」の実態―』幻冬舎，東京.

岸恵美子　2019.「いわゆる「ごみ屋敷」の実態とその背景に潜むもの」『自治体による「ごみ屋敷」対策―福祉と法務からのアプローチ―』公益財団法

人　日本都市センター，東京.
北西憲二　2000.「対人恐怖（森田神経質を含む）」狩野力八郎／近藤直司編『青年のひきこもり―心理社会的背景・病理・治療援助―』岩崎学術出版社，東京.
北村喜宣　2019.「条例によるごみ屋敷対応をめぐる法的課題」『自治体による「ごみ屋敷」対策―福祉と法務からのアプローチ―』公益財団法人　日本都市センター，東京.
衣笠隆幸　1998.「ヤングアダルトのひきこもり」臨床精神医学，27, 147-152.
衣笠隆幸　2000.「自己愛とひきこもり―精神保健福祉センターの相談状況―」精神療法，26(6), 586-594.
木本悟　2019.「京都市の「ごみ屋敷」対策」『自治体による「ごみ屋敷」対策―福祉と法務からのアプローチ―』公益財団法人　日本都市センター，東京.
工藤定次／斎藤環　2001.『激論！ひきこもり』ポット出版，東京.
KHJ 全国ひきこもり家族会連合会「2018 年度ひきこもりに関する全国実態アンケート調査報告―本人調査・家族調査・連携調査―」
釼持麻衣　2019a.「いわゆる「ごみ屋敷条例」の 制定自治体の取組み―世田谷区・横浜市・豊田市・大阪市・神戸市へのヒアリング調査をもとに―」『自治体による「ごみ屋敷」対策―福祉と法務からのアプローチ―』公益財団法人　日本都市センター，東京.
釼持麻衣　2019b.「困窮する居住者に対する見守り・支援の取組み―練馬区・野洲市・豊中市社会福祉協議会へのヒアリング調査をもとに―」『自治体による「ごみ屋敷」対策―福祉と法務からのアプローチ―』公益財団法人　日本都市センター，東京.
厚生労働科学研究事業「地域精神保健活動における介入のあり方に関する研究」（主任研究者：国立精神・神経センター精神保健研究所 社会復帰相談部長 伊藤順一郎）の研究班による調査報告（平成 12 年度から平成 14 年度までの 3 年間の研究成果）
厚生労働省　2010.「ひきこもりの評価・支援に関するガイドライン」厚生労働科学研究費補助金こころの健康科学研究事業「思春期のひきこもりをもたらす精神科疾患の実態把握と精神医学的治療・援助システムの構築に関する研究（H19- こころ - 一般 -010)」（研究代表者　齊藤万比古）. http://www.ncgmkohnodai.go.jp/subject/100/22ncgm_hikikomori.pdf
小杉礼子編　2005.『フリーターとニート』勁草書房，東京.
近藤直司／長谷川俊雄編著　1999.『引きこもりの理解と援助』萌文社，東京.
近藤直司　2001.「ひきこもりケースの理解と治療的アプローチ」近藤直司編著『ひきこもりケースの家族援助』金剛出版，東京.

近藤直司／清田吉和／北端裕司ほか　2010.「思春期ひきこもりにおける精神医学的障害の実態把握に関する研究」，厚生労働科学研究費補助金こころの健康科学研究事業「思春期のひきこもりをもたらす精神科疾患の実態把握と精神医学的治療・援助システムの構築に関する研究」平成21年度総括・分担研究報告書（主任研究者　齊藤万比古）.
斎藤環　1998.『社会的ひきこもり―終わらない思春期―』PHP研究所，京都.
斎藤環　2020.「2030年「ひきこもり長寿社会」到来で財政難か大量衰弱死か　精神科医・斎藤環が警鐘」AERAdot. https://dot.asahi.com/aera/2019082100081.html
齊藤万比古　2006.『不登校の児童・思春期精神医学』金剛出版，東京.
齊藤万比古　2010.『厚生労働科学研究費補助金こころの健康科学研究事業「思春期のひきこもりをもたらす精神科疾患の実態把握と精神医学的治療・援助システムの構築に関する研究」平成21年度　総括・分担研究報告書（主任研究者　齊藤万比古）』http://www.ncgmkohnodai.go.jp/subject/100/h21-jidouseisin.pdf
産経新聞　2004年5月17日「NEET 働かない若者／就労意欲なく親に“寄生”」
菅原誠　2019.「荒廃した住居の住人に対する精神保健福祉的介入のあり方」『自治体による「ごみ屋敷」対策―福祉と法務からのアプローチ―』公益財団法人　日本都市センター，東京.
諏訪真美／鈴木國文　2002.「「一次性ひきこもり」の精神病理学的特徴」精神神経学雑誌，104(12), 1228-1241.
セネカ・ルキウス・アンナエウス　2010.「心の平静について」『生の短さについて』大西英文訳，岩波文庫，岩波書店，東京.
総務庁青少年対策本部編　1990.『青少年白書―青少年問題の現状と対策―平成元年度版』大蔵省印刷局，東京.
祖傳和美　2019.「足立区の「ごみ屋敷」対策」『自治体による「ごみ屋敷」対策―福祉と法務からのアプローチ―』公益財団法人　日本都市センター，東京.
塚本千秋　1994.「ひきこもりと強迫症状を呈する青年期患者への訪問治療」精神神経学雑誌，96, 587-608.
ディオゲネス・ラエルティオス　1989.『ギリシア哲学者列伝＜中＞』第6巻，加来彰俊訳，岩波文庫，岩波書店，東京.
富田富士也　1992.『引きこもりからの旅立ち―登校・就職拒否から「人間拒否」する子どもたちとの心―』ハート出版，東京.
中村敬　1997.「対人恐怖とひきこもり」臨床精神医学，26(9), 1169-1176.
中村敬／塩路理恵子／舘野歩ほか　1997.「回避・引きこもり型の対人恐怖症

と現代社会」『第16回日本社会精神医学会 一般演題抄録』日本社会精神医学会雑誌，5(2), 282.
根本敬　2010.『人生解毒波止場』幻冬舎，東京．［洋泉社，東京，1995年］
長谷川蔵人　2011.「『ラモーの甥』におけるディオゲネスとソクラテスをめぐって」仏語仏文学研究，43, 3-14.
樋口康彦　2006a.「大学生における準ひきこもり行動に関する考察―キャンパスの孤立者について―」富山国際大学国際教養学部紀要（富山国際大学国際教養学部），2, 25-30.
樋口康彦　2006b.「かぐや姫症候群に関する考察―準ひきこもり行動との関連から―」富山国際大学国際教養学部紀要（富山国際大学国際教養学部），2, 31-38.
樋口康彦　2006c.『「準」ひきこ森―人はなぜ孤立してしまうのか？―』講談社，東京．
古橋忠晃　2011.「境界例という概念はどこにいったのか―思春期の病理を通して―」精神科治療学，26(6), 711-718.
古橋忠晃　2012.「「普通倒錯」という概念と時代の精神」精神科治療学，27(4), 507-514.
古橋忠晃　2014.「フランスと日本の「ひきこもり」の心的構造について」鈴木國文／古橋忠晃／Vellut, N. ほか編『「ひきこもり」に何を見るか―グローバル化する社会と孤立する個人―』青土社，東京．
古橋忠晃　2016.「臨床実践と理論生成の今―「ひきこもり」の臨床実践と，理論生成を通して―」こころと文化，15(2), 157-162.
古橋忠晃　2017.「現代の「ひきこもり」の精神病理学的多様性は何に由来しているのか―「享楽」という概念をめぐって―」臨床精神病理，38(3), 261-277.
ベック，ウルリッヒ／鈴木宗徳／伊藤美登里編　2011.『リスク化する日本社会―ウルリッヒ・ベックとの対話－』岩波書店，東京．
森田正馬　2004.『新版 神経質の本態と療法―森田療法を理解する必読の原典―』白揚社，東京．
文部科学省　2003.「今後の不登校への対応の在り方について（報告）」文部科学省ホームページ．
山川偉也　2008.『哲学者ディオゲネス』講談社学術文庫，講談社，東京．
山田和夫　1987.「スチューデント・アパシーの基本病理―長期縦断観察の60例から―」 平井富雄監修『現代人の心理と病理』サイエンス社，東京．
横山慶子／古橋忠晃／山本裕二　2018.「身体運動相談―ひきこもり学生支援の新たな試み―」名古屋大学学生相談総合センター紀要，17, 36-41.